우리말

오백성중청문
五百聖衆請文

도서출판 이사금

우리말오백성중청문 차례

머리말

　참 좋은 인연입니다.

　많은 불자들이 자식의 학업성취와 식구들의 치병을 목적으로 나한 기도를 많이 드립니다. 그리고 기도를 올린 대부분의 불자들은 소원성취를 이루고 나한 기도의 신통함을 칭찬하기도 합니다.

　그런데 막상 나한님들이 어떤 분들이며, 어떤 사연들을 갖고 있는지는 잘 모르고 있습니다. 또한 나한 도량에 가도 그냥 절을 하는 것이지, 나한 독송예경집이 갖추어져 있어 독송을 하며 기도를 하기는 쉽지 않습니다.

　경전과 의식을 한글화 한다고 모든 불자들이 독송하는 천수경을 우리말로 20년 전에 번역하고 천수경의 사연들을 책으로 출판하였습니다. 천수경을 독송하는 불자들이 무슨 뜻인지 알고 독송했을 때의 환희심으로 울면서 독송하는 모습이 떠올라 가슴이 뭉클합니다.

　이러한 상황에서 이 시대에 맞는 우리말 오백나한예경문을 발간하겠다는 원력을 가진 보살님이 우리 통섭불교원을 찾아 공부 인연이 되어 나한예경문에 관심을 갖게 되었습니다. 그 보살님이 갖고 있는 자료를 바탕으로 우리말 오백나한예경문을 번역하여 오늘의 소리로 예경 올리는 작업이 이루어지게 되었습니다.

　이 나한예경문의 원문은 오백성중청문입니다. 이 책의 원본은 무학대사께서 석왕사에서 백일동안 헌공한 것을 기록한 책자가 군위 지보사에서 발견되었습니다. 이것을 거조암에서 원문과 똑같이 만들어 한글토를 달아 놓은 것을 원본으로 하였습니다.

　오백성중청문은 초기불교, 구사유식, 대승, 선불교, 유학등을 총 망라하고 있는 불교유교대백과사전이었습니다. 기도하면서 독송하면서 불교의 진수에 흠뻑 빠지시기를 기대해 봅니다.

어떤 구절에서든지 저마다의 뜻을 이룰 충분한 이유가 있습니다.

2020년 2월 29일
정명 김성규

請聖儀文序

居祖事古墟에 有一法殿하야 擿歸於陌上하니 有五百聖相하야 星羅於殿中이라 代歷羅麗하여 歲換數天에 野人之侵을 無法可禁이라 基荒制壞하야 久息鍾磬之響이요 道遐人稀하니 誰秦梵唄之咏乎아 古謂之由人弘法者가 信有其不虛語也라 去辛酉晦隱老僧이 與山之庵首와 寺之寮主로 合席布議하야 俾道榮募以土하고 鳩以金하되 樹香閣衛聖料하야 流後不絶香火하니 護聖之度가 有輝見聞이나 而但風塵所觸으로 色相脫缺하야 幽陽所示에 公門之憂深矣러니 甲子에 有日庵道人(警誼)이 發希有信하야 曉諸信士則不日之間에 擲施如塵하야 委者七八百金也러라 召良工志演等하야 補缺換彩하니 德相俱全이라 奉獻有臧하니 多少膽聆에 孰不讚美乎아 且以餘財로 遺付寺中하야 遠以爲年年三月十五日에 各位獻供之資나 而迎聖儀文으로 曾無來規라 四求不得之際에 辛於周遊禪客이 軍持中에 得一冊하니 乃安邊釋王寺草刱時에 無學祖師의 百日亨聖之儀也라 俾學者太如寫하여 而爲流後之寶하노니 此亦日庵道人의 慕往道軌之誠일새 故可嘉之하야 敍之云爾하노라

歲乙丑春影波老僧聖奎七十八書

청성의문 서(請聖儀文 序)

거조사(693년 건립)의 옛 터에 법당만이 언덕 위에 외롭게 자리하고 있었다. 오백나한 모습을 조성하여 법당에 모셨는데 신라와 고려의 흥법시대가 지나고 조선에 이르러 돌보는 사람이 없어 황폐해져서 종성 소리가 멈춘지 오래 되었고 인적마저 드물어 범패를 연주하는 이도 없었다. 시절인연이 도래하여 인연있는 자가 찾아와 흥법을 하게 되었다.

신유년에 회은노승께서 산중의 암주와 절의 찰주와 협의하여 도영에게 불사의 밑천을 마련하게 하여 토지를 사들이고 봉향각을 건립하여 후대에까지 향화가 끊어지지 않게 하니 불법을 옹호하는 법도가 바람직하다.
그러나 풍진에 마찰되어 성상의 색상이 탈락되었기에 볼 때마다 근심이 깊었는데 갑자년에 일암도인(경의)이 희유한 신심을 발해서 모든 신자들에게 시주를 청하니 불문간에 신자들이 돈을 희사하여 시주한 금액이 칠팔백금이었다.

이에 양공 지연을 불러 성상의 훼손된 것을 수리하고 채색을 새롭게 하니 신중님들의 모습이 처음 조성한 것처럼 온전하였다. 공양을 제대로 올릴 수 있게 되었으니 모두가 기뻐하고 칭찬하였다. 그리고 그 남은 불사금은 사중에 기탁하여 매년 3월 15일 마다 각위에 헌공하도록 하였다.

그러나 전해진 자료가 없어 사방으로 구하였으나 얻지 못하였다. 그러던 중에 한 선객이 군위 지보사에서 책자를 하나 얻었는데, 무학대사께서 안변 석왕사에서 오백성중에게 백일 동안 헌공한 것을 기록한 책자였다.
학자 태여가 필사하여 후대에 전하였으며 또한 일암도인이 불법에 대한 정성이 지극하였기에 그를 가상히 여겨 그 사실을 기록하는 바이다.

을축년(1805년) 봄에 영파노승 성규 칠십팔세에 이 서문을 쓰다.

십육오백성중청문
十六五百聖衆請文

일체공근경례상주삼보
一切恭謹敬禮常住三寶

시제중등 각각호궤엄지 향화여법공양
是諸衆等 各各胡跪嚴持 香花如法供養

원차향화운 변만시방계 공양일체불
願此香花雲 遍滿十方界 供養一切佛

화불병진법 보살성문중 수차향화운
化佛幷眞法 菩薩聲聞衆 受此香花雲

이위광명대 광어무변계 무량작불사
以爲光明臺 廣於無邊界 無量作佛事

십육오백성중청문

정성과 예를 다하여 시방에 상주하신 삼보님께 예경합니다.

모든 대중이 호궤하고 근엄하게 향과 꽃을 공양올립니다.

원컨대 이향과 꽃이 시방세계에 두루 퍼져 일체 부처님께 전해지기를

청정진여의 법신과 진여법과 보살성문도 향과 꽃구름을 받으시고

광명을 발하여 끝이없는 법계에 한량없는 불사를 지으소서.

개계
開啓

원부 범치법연 선사방우엄정 공의과교
原夫 凡峙法筵 先使方隅嚴淨 恭依科敎

전장가지 소이 수함청정지공 법유신통
全仗加持 所以 水含淸淨之功 法有神通

지용 장법비수 용수결심 쇄사법연 성우정토
之用 將法備水 用水潔心 灑斯法筵 成于淨土

정토결계진언
淨土結界眞言

옴 소로 소로 훔(세번)
唵 素嚕 素嚕 吽

개계

원래 법연을 마련할 때는 먼저 동서남북 사방과 간방을 장엄하고 청정하게 하며 공손하게 과조와 교명에 따라 아뢴다.

전적으로 가피 가지에 의지한다. 물은 청정하게 하는 공덕이 있고 법은 신통한 묘용이 있다.

법을 가지고 물을 마련하여 마음을 청결하게 하고 이 법연에 뿌려 깨끗한 정토를 이룬다.

정토결계진언

옴 소로 소로 훔(세번)

쇄향수진언
灑香水眞言

아금이성청지비수 화합성청지계향
我今以性淸之悲水 和合性淸之戒香

편쇄법계중생심지 급정도량 지실령청정
偏灑法界衆生心地 及淨道場 地悉令淸淨

향수훈욕조제구 법신구족오 분향
香水熏浴澡諸垢 法身具足五 分香

반야원조해탈만 군생동회법계융
般若圓照解脫滿 群生同會法界融

나무 사만다 못다남 옴 호로 호로 전나라마등기
南謨 三曼多 母다喃 唵 虎嚕 虎嚕 戰那羅摩登祇

사바하(세번)
娑婆訶

정지진언
淨地眞言

결정기세간 적광화장인 즉이정혜수 관염이진법
潔淨器世間 寂光華藏印 卽以定慧水 觀念離塵法

옴 나유바아다 살바달마(세번)
唵 囉儒婆哦馱 薩婆達魔

- 10 -

쇄향수진언

내가 지금 성품이 청정한 자비의 물과 청정한 계향으로

법계 중생의 심지에 두루 뿌리고 이 도량을 청정하게 하니 땅이 모두 청정해지네.

깨끗한 물로 모든 더러움을 씻어내며 법신은 오분향을 구족하였네.

지혜를 원만하게 비추어 해탈을 이루니 중생들이여, 이 원융법계에 함께 하소서.

나무 사만다 못다남 옴 호로 호로 전나라마등기 사바하(세번)

정지진언

대적광 연화장의 법인으로 기세간을 청정하게 하며 정과 혜의 물로써 더러움을 떠나고 법을 관하네.

옴 나유바아다 살바달마(세번)

정삼업진언
淨三業眞言

옴 사바바바 수다살바 달마 사바바바 수도함(세번)
唵 沙嚩皤嚩 輸馱薩婆 達摩 沙嚩皤嚩 輸度唅

입단진언
立壇眞言

옴 난다난다 나지나지 난다바리 사바하(세번)
唵 難哆難哆 難智難智 難陀婆哩 莎婆訶

개단진언
開壇眞言

옴 바아라 뇌로 다가다야 삼마야 바라베
사야훔(세번)
唵 嚩日羅 那嚕 哆伽哆野 三摩野 鉢羅哒
舍野吽

정삼업진언

옴 사바바바 수다살바 달마 사바바바 수도함(세번)

입단진언

옴 난다난다 나지나지 난다바리 사바하(세번)

개단진언

옴 바아라 놔로 다가다야 삼마야 바라베 사야훔
(세번)

보소청진언
普召請眞言

나무 보보제리 가리다리 아다야 (세번)
南無 步步帝哩 伽哩哆馱 誐陁野

앙유 십육 오백성중자 모니멸후 자씨생전
불취니원
仰惟 十六 五百聖衆者 牟尼滅後 慈氏生前
不就泥洹

장거말세 화변삼천지세계 신분 백억지진구
長居末世 化徧三千之世界 身分 百億之塵區

혹재어녹수청산 관공낙도 혹재어천방만국
제물이생
或在於綠水靑山 觀空樂道 或在於千邦萬國
濟物利生

약신공양지의 필차감통지념 유구개수 무원부종
若伸供養之儀 必借感通之念 有求皆逐 無願不從

금유차일 운운 특위이신 과년안태 수복연향
今有此日 云云 特爲己身 過年安泰 壽福連享

겸급일문권속 동서남북 출입왕환 상봉길경
兼及一門眷屬 東西南北 出入往還 相逢吉慶

보소청진언

나무 보보제리 가리다리 아다야 (세번)

우러러 생각하니 십육성인과 오백성중께서는 석가부처님이 열반에 드시고 자씨부처님이 출생하기 전까지 열반에 드시지 않고

말세에 머물면서 삼천세계를 교화하며 그 몸은 백억세계에 분신하네.

깊은 산중에서 공을 관하여 도를 즐기며 때로는 시중에 내려와 중생을 구제하고 이익을 주네.

누가 공양을 올리면 필히 감응하여 구하는 것을 모두 이루게 하며 소원을 성취시켜 주네.

지금 모월 모일에 이몸과 권속들을 위하여 기원하며 공양 올리오니 언제나 편안하고 명과 복을 누리게 하소서.

세상을 돌아다닐 때에 언제나 좋은 일을 만나며

불봉재해 관재구설 사백사병 일시소멸 내지
우마육축
不逢災害 官災口舌 四百四病 一時消滅 乃至
牛馬六畜

동치길상 지원취어 모사 이금월금일 효두
同致吉祥 之願就於 某寺 以今月今日 曉頭

건설정찬 점배향등 공경공양 영산회주 석가여래
虔設淨餐 點排香燈 恭敬供養 靈山會主 釋迦如來

좌우보처 양대보살 위수십육 오백대아라한
左右補處 兩大菩薩 爲首十六 五百大阿羅漢

감재직부사자 각병권속 앙기묘원자 우복이특
향영원
監齋直符使者 各幷眷屬 仰祈玅猿者 右伏以特
向靈源

설명향이예청 심추취영 경단간이귀의 잠사어
옥동영원
爇名香而禮請 心趍鷲嶺 磬丹懇以歸依 暫辭於
玉洞靈源

청부어청재 묘회불유 낭원 부감단성 앙표일심
晴赴於淸齋 妙會不遺 囊願 俯鑑丹誠 仰表一心

재난을 당하지 않으며 나쁜 소문과 모든 질병들이 일시에 소멸하게 하소서. 말과 가축들에게 까지 자비가 미치기를.

함께 길상하기를 지금(금월 금일 시) 이절에서 간절히 기원합니다.

청정한 공양을 마련하고 향과 등불을 마련하여 영산교주 석가모니 부처님과

좌우보처 보살님과 십육성인 오백성중의 아라한님과

감재 직부사자와 모든 권속님께 경건하게 공양 올립니다. 신묘하게 도와주심을 기원하는 저희들이 특별히 영원을 향하여

좋은 향을 사르고 예를 다합니다. 영취산에 두고 온 마음을 다해 귀의하오니 잠시 옥동 영원에서

이 청재 묘회에 내려오셔서 옛날의 원을 저버리지 마시고 이 정성을 보살펴주소서.

◎ 건진례청
虔 陳 禮 請

원차가지묘공구　편만시방허공계
願 此 加 持 玅 供 具　遍 滿 十 方 虛 空 界

공양영취봉전회　교주본사석가존
供 養 靈 鷲 峯 前 會　教 主 本 師 釋 家 尊

좌우보처위상수　법신영향제보살
左 右 補 處 爲 上 首　法 身 影 響 諸 菩 薩

내비외현조양화　십대성문여십육
內 祕 外 現 助 揚 化　十 大 聲 聞 與 十 六

전수당래성불기　반천존자　천이백
傳 受 當 來 成 佛 記　半 千 尊 者　千 二 百

범석사왕제천주　금강밀적호법신
梵 釋 四 王 諸 天 主　金 剛 密 跡 護 法 神

고아일심귀명정례
故 我 一 心 歸 命 頂 禮

◎일심으로 정성 다하여 예청합니다.

원컨대 이 공양으로 부처님의 가피가 시방 법계에 가득하기를

영취산의 교주이며 스승이신 석가세존과

좌우보처 두 보살님과 여러 법신보살과

알게 모르게 전법을 돕는 십대제자와 십육성중과

당래에 성불 수기받으신 오백성중과 천이백아라한과

범천왕 제석천왕 사천왕 여러 천자들과 금강밀적등 신중들께 공양올립니다.

또한 저희들이 일심으로 귀의하여 절합니다.

(대중함께)

◎ 일심봉청
　一心奉請

영산회상시교이생　시아본사
靈山會上示敎利生　是我本師

석가여래　원강도량수아공양
釋迦如來　願降道場受我供養

번뇌단진　복지원　진묵겁전조성불　적광토중불유
煩惱斷盡　福智圓　塵墨劫前早成佛　寂光土中不留

의위도중생현세간
意爲度衆生現世間

고아일심귀명정례
故我一心歸命頂禮

◎ 일심봉청
　一心奉請

보처일생주관정위
補處一生主灌頂位

좌보처자씨미륵보살
左補處慈氏彌勒菩薩

우보처제화갈라보살
右補處提華竭羅菩薩

(대중함께)
◎일심으로 받들어 청합니다.

영산회상에서 법을 설하여 중생을 제도하시는 본래 스승이신 석가여래께서 이 도량에 강림하시어 저희들의 공양을 받으소서.

번뇌를 끊고 복덕과 지혜 원만하신 대적광토에는 뜻을 두지 않으시고 중생제도 하시려고 세간에 출현하시니

그러므로 저희들이 일심으로 귀의하여 절합니다.

◎일심으로 받들어 청합니다.

지금 일생보처로서 관정위에 계시는

좌보처 자씨미륵보살

우보처 제화갈라보살

원강도량수아공양
願降道場受我供養

위극일생보처존
位極一生補處尊

외외덕상월윤만
嵬嵬德相月輪滿

방대광명조불화
放大光明助佛化

어삼계중작도사
於三界中作導師

고아일심귀명정례
故我一心歸命頂禮

◎일심봉청
一心奉請

각표일덕 조양불화
各摽一德 助揚佛化

두타제일 대가섭존자
頭陀第一 大迦葉尊者

지혜제일 사리불존자
智慧第一 舍利弗尊者

원컨대 이 도량에 강림하여 저희들의 공양을
받으소서.

지위가 최고 높아 일생보처로서

높고 높으신 덕상 둥근달처럼

대광명 놓으시어 불화 도우시며

삼계의 복밭인 도사되셨기에

그러므로 저희들이 일심으로 귀의하여 절합니다.

◎일심으로 받들어 청합니다.

각기 일표를 대표하여 불화를 도와 빛내신 십대제자

두타제일 대가섭존자

지혜제일 사리불존자

신통제일 목건련존자
神通第一 目揵連尊者

공혜제일 수보리존자
空慧第一 須菩提尊者

설법제일 부루나존자
說法第一 富樓那尊者

논의제일 가전연존자
論議第一 迦旃延尊者

천안제일 아나율존자
天眼第一 阿那律尊者

지계제일 우바리존자
持戒第一 優婆離尊者

밀행제일 라후라존자
密行第一 羅睺羅尊者

다문제일 아난타존자
多聞第一 阿難陀尊者

원강도량수아공양
願降道場受我供養

십대재능호유장
十大才能互有長

유불일인능구십
唯佛一人能具十

신통제일 목건련존자

공혜제일 수보리존자

설법제일 부루나존자

논의제일 가전연존자

천안제일 아나율존자

지계제일 우바리존자

밀행제일 라후라존자

다문제일 아난타존자

원컨대 이 도량에 강림하여 저희들의 공양을
받으소서.

십대제자의 덕이 서로 장점이 있으며

부처님께서는 그 덕을 다 갖추셨네.

한조수겸삼걸덕
漢 朝 雖 兼 三 傑 德

약무삼걸내공하
若 無 三 傑 奈 功 何

고아일심귀명정례
故 我 一 心 歸 命 頂 禮

◎일심봉청
　一 心 奉 請

천상인간 응공복전
天 上 人 間　應 供 福 田

제일 빈두로존자
第 一　賓 頭 盧 尊 者

제이 가락가존자
第 二　迦 諾 迦 尊 者

제삼 가나가벌리존자
第 三　伽 那 迦 伐 理 尊 者

제사 소빈타존자
第 四　蘇 頻 陁 尊 者

제오 낙구라존자
第 五　諾 矩 羅 尊 者

제육 발타라존자
第 六　跋 陁 羅 尊 者

한고조가 삼걸의 덕을 비록 겸했더라도

삼걸이 없었으면 어찌 성공했으리오.

그러므로 저희들이 일심으로 귀의하여 절합니다.

◎일심으로 받들어 청합니다.

천상인간에서 응공복전이신 십육아라한

제일 빈두로존자

제이 가락가존자

제삼 가나가벌리존자

제사 소빈타존자

제오 낙구라존자

제육 발타라존자

제칠 가리가존자
第 七 迦 哩 迦 尊 者

제팔 벌도라불다라존자
第 八 伐 闍 羅 弗 多 羅 尊 者

제구 계박가존자
第 九 戒 博 伽 尊 者

제십 반탁가존자
第 十 半 託 伽 尊 者

제십일 나호라존자
第 十 一 羅 怙 羅 尊 者

제십이 나가서나존자
第 十 二 那 迦 犀 那 尊 者

제십삼 인갈나존자
第 十 三 因 竭 羅 尊 者

제십사 벌나파사존자
第 十 四 伐 那 波 斯 尊 者

제십오 아벌다존자
第 十 五 阿 伐 多 尊 者

제십육 주다반탁가존자
第 十 六 注 茶 半 託 伽 尊 者

제칠 가리가존자

제팔 벌도라불다라존자

제구 계박가존자

제십 반탁가존자

제십일 나호라존자

제십이 나가서나존자

제십삼 인갈나존자

제십사 벌나파사존자

제십오 아벌다존자

제십육 주다반탁가존자

원강도량수아공양
願降道場受我供養

사향사과조원성
四向四果早圓成

삼명육통실구족
三明六通悉具足

밀승아불정녕촉
密承我佛叮嚀囑

주세항위진복전
住世恒爲眞福田

고아일심귀명정례
故我一心歸命頂禮

◎일심봉청
一心奉請

제루이진 무부번뇌
諸漏已盡 無復煩惱

원컨대 이 도량에 강림하여 저희들의 공양을 받으소서.

사향과 사과를 일찍 원성하셨고
사향:예류향,일래향,불환향,아라한향   사과:예류(수다원)과,일래(사다함)과,불환(아나함)과,아라한과

삼명과 육신통을 모두 구족하시어
삼명:숙명통,천안통,누진통   육신통:숙명통,신족통,천안통,천이통,타심통,누진통

부처님의 정영하신 부촉 받으며

세간에 머무시며 항상 참 복전되셨네.

그러므로 저희들이 일심으로 귀의하여 절합니다.

◎일심으로 받들어 청합니다.

모든 집착이 다 없어져서 번뇌가 소멸한

제일 법해존자
第一 法海尊者

제이 전광존자
第二 電光尊者

제삼 광명존자
第三 光明尊者

제사 양명존자
第四 量明尊者

제오 해참존자
第五 解慚尊者

제육 소경존자
第六 所敬尊者

제칠 이음존자
第七 離音尊者

제팔 유희존자
第八 遊戲尊者

제구 정주존자
第九 正住尊者

제십 향훈존자
第十 香薰尊者

제일 법해존자

제이 전광존자

제삼 광명존자

제사 양명존자

제오 해참존자

제육 소경존자

제칠 이음존자

제팔 유희존자

제구 정주존자

제십 향훈존자

원강도량수아공양
願降道場受我供養

종하방편이입도
從何方便易入道

삼보양여사가행
三寶粮輿四加行

막괴유련화성중
莫怪留連化城中

화성불여보소원
化城不與寶所遠

고아일심귀명정례
故我一心歸命頂禮

◎일심봉청
一心奉請

심선해탈 혜선해탈
心善解脫 慧善解脫

원컨대 이 도량에 강림하여 저희들의 공양을 받으소서.

도에 들어가는데 최고의 방편은

삼보자량과 그리고 사가행이네.

사가행:(유식에서) 난.정.인.세제일법의 가행을 닦는 위

화성에서 머뭇거림 이상할 것 없으니

그 화성이 보배가 있는 곳과 멀지가 않네.

그러므로 저희들이 일심으로 귀의하여 절합니다.

◎일심으로 받들어 청합니다.

선한 마음과 선한 지혜를 해탈하신

제십일 광명존자
第 十 日　光 明 尊 者

제십이 월광존자
第 十 二　月 光 尊 者

제십삼 계공존자
第 十 三　戒 空 尊 者

제십사 각화존자
第 十 四　覺 化 尊 者

제십오 화장존자
第 十 五　花 藏 尊 者

제십육 광명존자
第 十 六　光 明 尊 者

제십칠 묘법존자
第 十 七　妙 法 尊 者

제십팔 단엄존자
第 十 八　端 嚴 尊 者

제십구 의정존자
第 十 九　義 正 尊 者

제이십 위덕존자
第 二 十　威 德 尊 者

제십일 광명존자

제십이 월광존자

제십삼 계공존자

제십사 각화존자

제십오 화장존자

제십육 광명존자

제십칠 묘법존자

제십팔 단엄존자

제십구 의정존자

제이십 위덕존자

원강도량수아공양
願降道場受我供養

일념돈포유루신
一念頓抛有漏身

장읍세간불회고
長揖世間不廻顧

흡사해록도출망
恰似駭鹿逃出網

포군주입난산중
抱群走入亂山中

고아일심귀명정례
故我一心歸命頂禮

◎일심봉청
一心奉請

기심적정 유여허공
其心寂靜 猶如虛空

원컨대 이 도량에 강림하여 저희들의 공양을 받으소서.

한순간에 유루의 몸을 던져버리고

세상을 바라보고 돌아보지 않음이여.

놀란 사슴이 그물을 벗어나서

무리들과 함께 산으로 들어감 같네.

그러므로 저희들이 일심으로 귀의하여 절합니다.

◎일심으로 받들어 청합니다.

그 마음 고요함이 마치 허공 같으신

제이십일 만행존자
第二十一 滿行尊者

제이십이 라후존자
第二十二 羅睺尊者

제이십삼 천성존자
第二十三 天聖尊者

제이십사 지취존자
第二十四 智聚尊者

제이십오 조어존자
第二十五 調御尊者

제이십육 자재존자
第二十六 自在尊者

제이십칠 화상모존자
第二十七 花相貌尊者

제이십팔 대약왕존자
第二十八 大藥王尊者

제이십구 숙왕존자
第二十九 宿王尊者

제삼십 덕수영존자
第三十 德首領尊者

제이십일 만행존자

제이십이 라후존자

제이십삼 천성존자

제이십사 지취존자

제이십오 조어존자

제이십육 자재존자

제이십칠 화상모존자

제이십팔 대약왕존자

제이십구 숙왕존자

제삼십 덕수영존자

원강도량수아공양
願降道場受我供養

석존멸후일하속
釋尊滅後一何速

인계허공실소빙
忍界虛空失所憑

약무제자계진풍
若無諸子繼眞風

청백가성응추지
淸白家聲應墜地

고아일심귀명정례
故我一心歸命頂禮

◎일심봉청
一心奉請

사리중담 불수후유
捨離重擔 不受後有

원컨대 이 도량에 강림하여 저희들의 공양을 받으소서.

부처님의 입멸하심 어찌 그리 빠르신가.

사바세계 텅비어 의지할 데 없네.

만일 불제자께서 그 진풍 계승함 없었다면

맑고 고결한 가문의 명성 땅에 떨어졌으리.

그러므로 저희들이 일심으로 귀의하여 절합니다.

◎일심으로 받들어 청합니다.

무거운 짐 벗어버리고 다음 생의 업을 받지 않으신

제삼십일 왕상존자
第三十一 王相尊者

제삼십이 부가존자
第三十二 父伽尊者

제삼십삼 포변존자
第三十三 布徧尊者

제삼십사 광조존자
第三十四 光照尊者

제삼십오 장수존자
第三十五 藏首尊者

제삼십육 묘음존자
第三十六 妙音尊者

제삼십칠 공덕존자
第三十七 功德尊者

제삼십팔 금강존자
第三十八 金剛尊者

제삼십구 혜광존자
第三十九 慧光尊者

제사십 선주존자
第四十 善住尊者

제삼십일 왕상존자

제삼십이 부가존자

제삼십삼 포변존자

제삼십사 광조존자

제삼십오 장수존자

제삼십육 묘음존자

제삼십칠 공덕존자

제삼십팔 금강존자

제삼십구 혜광존자

제사십 선주존자

원강도량수아공양
願降道場受我供養

구결십전제번뇌
九結十纏除煩惱

정사수진습유존
正使誰盡習猶尊

일회착수경마롱
一廻着手更磨礱

백규시가무여점
白圭始可無餘玷

고아일심귀명정례
故我一心歸命頂禮

◎일심봉청
一心奉請

소작이판 획진이리
所作已辦 獲眞已利

원컨대 이 도량에 강림하여 저희들의 공양을 받으소서.

아홉가지 번뇌와 열가지 미혹의 모든 번뇌 없애었으니

근본번뇌는 다하고 습기만 조금 남았으나

한번 착수해서 다시 연마하면

백규에 비로소 티가 없어질 것입니다.

그러므로 저희들이 일심으로 귀의하여 절합니다.

◎일심으로 받들어 청합니다.

할 일을 이미 다 끝내시고 참다운 자리를 얻으신

제사십일 의행존자
第四十一 意行尊者

제사십이 범음존자
第四十二 梵音尊者

제사십삼 후뢰성존자
第四十三 候雷聲尊者

제사십사 달상존자
第四十四 達上尊者

제사십오 혜음존자
第四十五 惠音尊者

제사십육 득안선존자
第四十六 得安禪尊者

제사십칠 중위존자
第四十七 衆威尊者

제사십팔 범상존자
第四十八 梵相尊者

제사십구 목리다존자
第四十九 目利多尊者

제오십 덕성용존자
第五十 德聖龍尊者

제사십일 의행존자

제사십이 범음존자

제사십삼 후뇌성존자

제사십사 달상존자

제사십오 혜음존자

제사십육 득안선존자

제사십칠 중위존자

제사십팔 범상존자

제사십구 목리다존자

제오십 덕성용존자

원강도량수아공양
願降道場受我供養

염염화택일소진
炎炎火宅日燒盡

제자완우총부지
諸子頑愚摠不知

도사방편설삼거
導師方便說三車

유인문전태제난
誘引門前兌諸難

고아일심귀명정례
故我一心歸命頂禮

◎일심봉청
一心奉請

주평등지 입해탈문
住平等智 入解脫門

원컨대 이 도량에 강림하여 저희들의 공양을
받으소서.

활활 불붙은 집이 불타 없어지는데

모든 아이들은 논다고 정신없는데

도사께서 방편으로 세가지 수레가 있다고 하여

문전으로 유인해 모든 재난 벗어나게 하시네.

그러므로 저희들이 일심으로 귀의하여 절합니다.

◎일심으로 받들어 청합니다.

평등지에 머물러서 해탈문에 들어가신

제오십일 백은상존자
第 五 十 一 白 銀 像 尊 者

제오십이 묘장상존자
第 五 十 二 妙 藏 相 尊 者

제오십삼 집화개존자
第 五 十 三 執 花 蓋 尊 者

제오십사 음출가존자
第 五 十 四 音 出 家 尊 者

제오십오 공덕존자
第 五 十 五 功 德 尊 者

제오십육 이사존자
第 五 十 六 利 師 尊 者

제오십칠 변장엄존자
第 五 十 七 辨 莊 嚴 尊 者

제오십팔 용대신존자
第 五 十 八 勇 大 身 尊 者

제오십구 적취복존자
第 五 十 九 積 聚 福 尊 者

제육십 개합의존자
第 六 十 開 合 意 尊 者

제오십일 백은상존자

제오십이 묘장상존자

제오십삼 집화개존자

제오십사 음출가존자

제오십오 공덕존자

제오십육 이사존자

제오십칠 변장엄존자

제오십팔 용대신존자

제오십구 적취복존자

제육십 개합의존자

원강도량수아공양
願降道場受我供養

화엄회상인천집
華嚴會上人天集

이승망연자부지
二乘茫然自不知

막언절분약맹롱
莫言絶分若盲聾

각시맹롱최친절
却是盲聾最親切

고아일심귀명정례
故我一心歸命頂禮

◎일심봉청
一心奉請

자재득도 중고피안
自在得度 衆苦彼岸

원컨대 이 도량에 강림하여 저희들의 공양을 받으소서.

화엄회상에 인간과 천인 모였는데

성문 연각은 모르고 그냥 있으나

절분해서 귀먹어리같다고 말하지 마소.

그 귀먹어리가 참으로 친절함인 것을

그러므로 저희들이 일심으로 귀의하여 절합니다.

◎일심으로 받들어 청합니다.

자재하여 모든 고통 벗어나 피안에 이르신

제육십일 주력행존자
第六十一 住力行尊者

제육십이 공덕적존자
第六十二 功德積尊者

제육십삼 현형색존자
第六十三 現形色尊者

제육십사 광명요존자
第六十四 光明曜尊者

제육십오 엄위존자
第六十五 嚴位尊者

제육십육 등명존자
第六十六 燈明尊者

제육십칠 인제존자
第六十七 因提尊者

제육십팔 상무진존자
第六十八 相無盡尊者

제육십구 무중취존자
第六十九 無衆聚尊者

제칠십 빙풍존자
第七十 憑風尊者

제육십일 주력행존자

제육십이 공덕적존자

제육십삼 현형색존자

제육십사 광명요존자

제육십오 엄위존자

제육십육 등명존자

제육십칠 인제존자

제육십팔 상무진존자

제육십구 무중취존자

제칠십 빙풍존자

원강도량수아공양
願降道場受我供養

수변임하좌올올
水邊林下坐兀兀

낙엽서파위정관
落葉逝波爲正觀

관래관거료무상
觀來觀去了無常

유심심정착외모
有甚心情着外慕

고아일심귀명정례
故我一心歸命頂禮

◎일심봉청
一心奉請

불자주지 선초제유
佛子住持 善超諸有

원컨대 이 도량에 강림하여 저희들의 공양을
받으소서.

물가와 숲에 모여 앉아서

낙엽과 흘러가는 물 바로 관조하네.

관하고 또 관하여 무상함 알았으니

마음이 무슨 허영에 집착하리요.

그러므로 저희들이 일심으로 귀의하여 절합니다.

◎일심으로 받들어 청합니다.

불자로 주지하여 모든 존재를 묘하게 뛰어나신

제칠십일 의수존자
第七十一 義首尊者

제칠십이 산당존자
第七十二 散堂尊者

제칠십삼 의량존자
第七十三 義良尊者

제칠십사 묘성존자
第七十四 妙聲尊者

제칠십오 도정존자
第七十五 道情尊者

제칠십육 무애존자
第七十六 無碍尊者

제칠십칠 다라니존자
第七十七 陀羅尼尊者

제칠십팔 존빈존자
第七十八 尊頻尊者

제칠십구 지력지존자
第七十九 智力至尊者

제팔십 염광색존자
第八十 炎光色尊者

제칠십일 의수존자

제칠십이 산당존자

제칠십삼 의량존자

제칠십사 묘성존자

제칠십오 도정존자

제칠십육 무애존자

제칠십칠 다라니존자

제칠십팔 존빈존자

제칠십구 지력지존자

제팔십 염광색존자

원강도량수아공양
願降道場受我供養

원방근찰무간연
遠方近刹無間然

봉문화옥평등부
蓬門華屋平等赴

무당무편위기임
無黨無偏爲己任

여래종적요추반
如來踪跡要追攀

고아일심귀명정례
故我一心歸命頂禮

◎ 일심봉청
一心奉請

능어국토 성취위의
能於國土 成就威儀

원컨대 이 도량에 강림하여 저희들의 공양을
받으소서.

멀고 가까운 곳을 가리지 않고

봉문 화옥 평등하게 나아가면서

불편 부당함을 자신의 임무로 여겨

여래의 발자취를 따라서 가니

그러므로 저희들이 일심으로 귀의하여 절합니다.

◎일심으로 받들어 청합니다.

여러 국토에서 위의를 잘 성취하신

제팔십일 제위행존자
第八十一　帝威行尊者

제팔십이 발해력존자
第八十二　發惠力尊者

제팔십삼 정덕위존자
第八十三　貞德威尊者

제팔십사 명요선존자
第八十四　明了善尊者

제팔십오 희명집존자
第八十五　喜明集尊者

제팔십육 형상혜존자
第八十六　形相惠尊者

제팔십칠 진발존자
第八十七　塵發尊者

제팔십팔 성위족존자
第八十八　聖威足尊者

제팔십구 사위존자
第八十九　師威尊者

제구십 달명성존자
第九十　達明聲尊者

제팔십일 제위행존자

제팔십이 발해력존자

제팔십삼 정덕위존자

제팔십사 명요선존자

제팔십오 희명집존자

제팔십육 형상혜존자

제팔십칠 진발존자

제팔십팔 성위족존자

제팔십구 사위존자

제구십 달명성존자

원강도량수아공양
願降道場受我供養

청음바사노송하
青蔭婆娑老松下

승마반환사등한
乘馬盤桓似等閑

자남자북자서동
自南自北自西東

일보하증향외부
一步何曾向外赴

고아일심귀명정례
故我一心歸命頂禮

◎일심봉청
一心奉請

종불전륜 묘감유촉
從佛轉輪 妙堪遺囑

원컨대 이 도량에 강림하여 저희들의 공양을 받으소서.

청량한 그늘 솔바람 부는 노송 아래서

말을 타고 돌 듯이 예사로운 듯

저절로 남에서 북으로 동에서 서로 할뿐이네.

한 걸음인들 어찌 밖으로 달아나랴.

그러므로 저희들이 일심으로 귀의하여 절합니다.

◎일심으로 받들어 청합니다.

부처님을 따라 법륜을 굴리고 유촉을 묘하게 감당하시는

제구십일 수승이존자
第九十一 殊勝異尊者

제구십이 수대장존자
第九十二 守大藏尊者

제구십삼 묘복덕존자
第九十三 妙福德尊者

제구십사 개범음존자
第九十四 開梵音尊者

제구십오 극희존자
第九十五 極喜尊者

제구십육 혜선존자
第九十六 惠仙尊者

제구십칠 양선존자
第九十七 良善尊者

제구십팔 선근존자
第九十八 善根尊者

제구십구 대회촌존자
第九十九 大會超尊者

제일백 선공존자
第一百 仙空尊者

제구십일 수승이존자

제구십이 수대장존자

제구십삼 묘복덕존자

제구십사 개범음존자

제구십오 극희존자

제구십육 혜선존자

제구십칠 양선존자

제구십팔 선근존자

제구십구 대회촌존자

제일백 선공존자

원강도량수아공양
願降道場受我供養

이제치식주가속
夷齊恥食周家粟

성지청명천고전
聖之淸名千古傳

지요불탐오욕진
祇要不貪五欲塵

임타인후작고조
任他人喉作孤調

고아일심귀명정례
故我一心歸命頂禮

◎일심봉청
一心奉請

엄정비니 홍범삼계
嚴淨毗尼 弘範三界

원컨대 이 도량에 강림하여 저희들의 공양을 받으소서.

백이숙제가 주나라 음식 먹는 것을 부끄럽게 여겨

충절의 맑은 이름이 천추에 전해지듯

다만 오욕의 티끌을 탐내지 않을 뿐인데

타인들은 제멋대로 고고한 곡조라 부르네.

그러므로 저희들이 일심으로 귀의하여 절합니다.

◎일심으로 받들어 청합니다,

계행이 깨끗하여 삼계에 모범이 되신

제일백일 미서다존자
第 一 百 一 弭 西 多 尊 者

제일백이 무지정존자
第 一 百 二 無 智 頂 尊 者

제일백삼 개해탈존자
第 一 百 三 開 解 脫 尊 者

제일백사 관월장존자
第 一 百 四 觀 月 藏 尊 者

제일백오 법우화존자
第 一 百 五 法 雨 花 尊 者

제일백육 라후존자
第 一 百 六 羅 睺 尊 者

제일백칠 해탈팔륜존자
第 一 百 七 解 脫 辨 倫 尊 者

제일백팔 모니정존자
第 一 百 八 牟 尼 淨 尊 者

제일백구 현신광존자
第 一 百 九 顯 身 光 尊 者

제일백십 제후금존자
第 一 百 十 濟 吼 金 尊 者

제일백일 미서다존자

제일백이 무지정존자

제일백삼 개해탈존자

제일백사 관월장존자

제일백오 법우화존자

제일백육 라후존자

제일백칠 해탈팔륜존자

제일백팔 모니정존자

제일백구 현신광존자

제일백십 제후금존자

원강도량수아공양
願降道場受我供養

위의엄정중마경
威儀嚴淨衆魔驚

명칭보문오천앙
名稱普聞五天仰

간목수신요작희
竿木隨身聊作戲

귀면신두천만형
鬼面神頭千萬形

고아일심귀명정례
故我一心歸命頂禮

◎일심봉청
一心奉請

응신무량 도탈중생
應身無量 度脫衆生

원컨대 이 도량에 강림하여 저희들의 공양을 받으소서.

위의가 엄정하여 마의 무리가 놀래며

이름이 널리 알려져 천신들이 우러러보네.

간지대 가지고 온갖 재주 희롱 부리면

얼굴과 머리 모양이 천만가지로 나타나네.

그러므로 저희들이 일심으로 귀의하여 절합니다.

◎일심으로 받들어 청합니다.

한량없는 화신을 나타내어 중생을 제도하는

제일백십일 덕천중존자
第 一 百 十 一 德 天 衆 尊 者

제일백십이 장법개존자
第 一 百 十 二 掌 法 蓋 尊 者

제일백십삼 덕군안존자
第 一 百 十 三 德 軍 顔 尊 者

제일백십사 앙가타존자
第 一 百 十 四 鴦 伽 陀 尊 者

제일백십오 혜미존자
第 一 百 十 五 惠 美 尊 者

제일백십육 미음성존자
第 一 百 十 六 美 音 聲 尊 者

제일백십칠 제위덕존자
第 一 百 十 七 諸 威 德 尊 者

제일백십팔 사자위왕존자
第 一 百 十 八 師 子 威 王 尊 者

제일백십구 해탈상존자
第 一 百 十 九 解 脫 相 尊 者

제일백이십 현덕상존자
第 一 百 二 十 顯 德 相 尊 者

제일백십일 덕천중존자

제일백십이 장법개존자

제일백십삼 덕군안존자

제일백십사 앙가타존자

제일백십오 혜미존자

제일백십육 미음성존자

제일백십칠 제위덕존자

제일백십팔 사자위왕존자

제일백십구 해탈상존자

제일백이십 현덕상존자

원강도량수아공양
願降道場受我供養

안계이계중연공
眼界耳界衆緣空

지일서혜성천효
智日舒兮性天曉

유유삼계몽이파
悠悠三界夢已破

중인개취유아성
衆人皆醉唯我醒

고아일심귀명정례
故我一心歸命頂禮

◎일심봉청
　一心奉請

발제미래　월제진루
拔濟未來　越諸塵累

원컨대 이 도량에 강림하여 저희들의 공양을 받으소서.

눈과 귀로 인한 모든 인연 공했으니

지혜가 원만하여 하늘같은 성품이 밝았네.

아득한 삼계의 꿈을 이미 깨었기에

모든 사람 다 미혹하나 나는 홀로 깨었도다.

그러므로 저희들이 일심으로 귀의하여 절합니다.

◎일심으로 받들어 청합니다.

미래세 중생까지 제도하여 모든 번뇌 초월하신

제일백이십일 집지취존자
第一百二十一 執智聚尊者

제일백이십이 무위덕존자
第一百二十二 無威德尊者

제일백이십삼 단유집존자
第一百二十三 斷流集尊者

제일백이십사 무애찬존자
第一百二十四 無礙讚尊者

제일백이십오 전보장존자
第一百二十五 展寶藏尊者

제일백이십육 양법음존자
第一百二十六 颺法音尊者

제일백이십칠 산왕경존자
第一百二十七 山王慶尊者

제일백이십팔 법진왕존자
第一百二十八 法眞王尊者

제일백이십구 덕해탈존자
第一百二十九 德解脫尊者

제일백삼십 선단엄존자
第一百三十 善端嚴尊者

제일백이십일 집지취존자

제일백이십이 무위덕존자

제일백이십삼 단유집존자

제일백이십사 무애찬존자

제일백이십오 전보장존자

제일백이십육 양법음존자

제일백이십칠 산왕경존자

제일백이십팔 법진왕존자

제일백이십구 덕해탈존자

제일백삼십 선단엄존자

원강도량수아공양
願降道場受我供養

사견임중삼독근
邪見林中三毒根

발래송향하방유
拔來送向何方有

사호종자취수식
蛇虎從玆就手食

오가권속유사사
吾家眷屬有些些

고아일심귀명정례
故我一心歸命頂禮

◎일심봉청
一心奉請

소멸진로 은애중폐
消滅塵勞 恩愛重幣

원컨대 이 도량에 강림하여 저희들의 공양을
받으소서.

잘못된 생각의 숲에 박힌 삼독의 뿌리를 뽑아

멀리 버렸으니 탐진치가 어디에 있겠는가.

뱀과 범의 축생들을 내가 손수 거두어주니

우리 집에 함께 있는 식구들이 조금은 있구나.

그러므로 저희들이 일심으로 귀의하여 절합니다.

◎일심으로 받들어 청합니다.

번뇌망상과 세상의 애증을 모두 소멸시킨

제일백삼십일 길상모존자
第 一 百 三 十 一 吉 相 貌 尊 者

제일백삼십이 애어소존자
第 一 百 三 十 二 愛 語 笑 尊 者

제일백삼십삼 사리왕존자
第 一 百 三 十 三 師 利 王 尊 者

제일백삼십사 법력승존자
第 一 百 三 十 四 法 力 勝 尊 者

제일백삼십오 애락존자
第 一 百 三 十 五 愛 樂 尊 者

제일백삼십육 부동진존자
第 一 百 三 十 六 不 動 塵 尊 者

제일백삼십칠 명중조존자
第 一 百 三 十 七 明 衆 照 尊 者

제일백삼십팔 각각존자
第 一 百 三 十 八 覺 覺 尊 者

제일백삼십구 묘견존자
第 一 百 三 十 九 妙 見 尊 者

제일백사십 의송의존자
第 一 百 四 十 義 送 意 尊 者

제일백삼십일 길상모존자

제일백삼십이 애어소존자

제일백삼십삼 사리왕존자

제일백삼십사 법력승존자

제일백삼십오 애락존자

제일백삼십육 부동진존자

제일백삼십칠 명중조존자

제일백삼십팔 각각존자

제일백삼십구 묘견존자

제일백사십 의송의존자

원강도량수아공양
願降道場受我供養

시비해리임부침
是非海裏任浮沈

표호군중정기량
豹虎群中呈伎倆

혼신탈출마나강
渾身脫出魔羅綱

세계무비적정문
世界無非寂靜門

고아일심귀명정례
故我一心歸命頂禮

◎ 일심봉청
一心奉請

득대신족 위요무극
得大神足 威曜無極

원컨대 이 도량에 강림하여 저희들의 공양을 받으소서.

세상의 시비에 휩쓸리고 자유로움을 마음대로 하며

호랑이와 표범의 무리에서도 뛰어나며

어리석은 몸뚱이도 마의 그물을 벗어났으니

삼계가 그대로 적정문이구나.

그러므로 저희들이 일심으로 귀의하여 절합니다.

◎일심으로 받들어 청합니다.

신통을 얻어 빛나는 위의가 다함 없으신

제일백사십일 광조불존자
第 一 百 四 十 一 光 照 佛 尊 者

제일백사십이 향미천존지
第 一 百 四 十 二 香 美 天 尊 者

제일백사십삼 금선견존자
第 一 百 四 十 三 金 善 見 尊 者

제일백사십사 무허행존자
第 一 百 四 十 四 無 虛 行 尊 者

제일백사십오 희견존자
第 一 百 四 十 五 喜 見 尊 者

제일백사십육 상색광존자
第 一 百 四 十 六 相 色 光 尊 者

제일백사십칠 선보존자
第 一 百 四 十 七 善 步 尊 者

제일백사십팔 찬대음존자
第 一 百 四 十 八 讚 大 音 尊 者

제일백사십구 정원원존자
第 一 百 四 十 九 正 願 圓 尊 者

제일백오십 천일동존자
第 一 百 五 十 天 日 同 尊 者

제일백사십일 광조불존자

제일백사십이 향미천존지

제일백사십삼 금선견존자

제일백사십사 무허행존자

제일백사십오 희견존자

제일백사십육 상색광존자

제일백사십칠 선보존자

제일백사십팔 찬대음존자

제일백사십구 정원원존자

제일백오십 천일동존자

원강도량수아공양
願降道場受我供養

도모능능빙설자
道貌稜稜氷雪容

송지삼장무유루
誦持三藏無遺漏

어문이문의역이
於文離文義亦爾

기시심행수묵래
豈是尋行數墨來

고아일심귀명정례
故我一心歸命頂禮

◎ 일심봉청
一心奉請

수심오법 인정법생
修深奧法 因正法生

원컨대 이 도량에 강림하여 저희들의 공양을 받으소서.

도인의 풍모가 늠름하여 빙설처럼 초연한 모습이며

경율논장을 수지하여 막힘이 없고

글자과 문장의 의미를 모두 떠났으니

어디에 글줄이나 헤아리는 천박함이 있으랴.

그러므로 저희들이 일심으로 귀의하여 절합니다.

◎일심으로 받들어 청합니다.

심오한 법을 닦아 정법으로 태어나신

제일백오십일 혜종존자
第 一 百 五 十 一 惠 宗 尊 者

제일백오십이 섭신존자
第 一 百 五 十 二 攝 神 尊 者

제일백오십삼 덕세위존자
第 一 百 五 十 三 德 勢 威 尊 者

제일백오십사 찰리존자
第 一 百 五 十 四 刹 利 尊 者

제일백오십오 공덕업존자
第 一 百 五 十 五 功 德 業 尊 者

제일백오십육 금광존자
第 一 百 五 十 六 金 光 尊 者

제일백오십칠 해탈존자
第 一 百 五 十 七 解 脫 尊 者

제일백오십팔 열탈락존자
第 一 百 五 十 八 悅 脫 樂 尊 者

제일백오십구 주선행존자
第 一 百 五 十 九 住 善 行 尊 者

제일백육십 사법인만존자
第 一 百 六 十 捨 法 因 慢 尊 者

제일백오십일 혜종존자

제일백오십이 섭신존자

제일백오십삼 덕세위존자

제일백오십사 찰리존자

제일백오십오 공덕업존자

제일백오십육 금광존자

제일백오십칠 해탈존자

제일백오십팔 열탈락존자

제일백오십구 주선행존자

제일백육십 사법인만존자

원강도량수아공양
願降道場受我供養

망망삼계수윤회
茫茫三界受輪廻

지위진로번뇌재
祇爲塵勞煩惱在

진중중현근상리
珍重衆賢根尙利

팔십팔사이소마
八十八使已消磨

고아일심귀명정례
故我一心歸命頂禮

◎일심봉청
一心奉請

위의예절 진지광광
威儀禮節 進止光光

원컨대 이 도량에 강림하여 저희들의 공양을 받으소서.

망망한 삼계에서 윤회를 하는 것은

다만 육진의 번뇌가 있기 때문인데

보배같이 귀하신 성현께서는 근기가 수승하여

모든 사악함을 이미 소멸시켰네.

그러므로 저희들이 일심으로 귀의하여 절합니다.

◎일심으로 받들어 청합니다.

위의가 뛰어나고 예절과 행하심이 더욱 빛나는

제일백육십일 지족의존자
第 一 百 六 十 一 智 足 意 尊 者

제일백육십이 초범행존자
第 一 百 六 十 二 超 梵 行 尊 者

제일백육십삼 전단존자
第 一 百 六 十 三 栴 檀 尊 者

제일백육십사 무우존자
第 一 百 六 十 四 無 憂 尊 者

제일백육십오 국신상존자
第 一 百 六 十 五 國 臣 相 尊 者

제일백육십육 단엄존자
第 一 百 六 十 六 瑞 嚴 尊 者

제일백육십칠 연화존자
第 一 百 六 十 七 蓮 華 尊 者

제일백육십팔 무변력존자
第 一 百 六 十 八 無 辨 力 尊 者

제일백육십구 천광명존자
第 一 百 六 十 九 天 光 明 尊 者

제일백칠십 혜군고존자
第 一 百 七 十 惠 軍 高 尊 者

제일백육십일 지족의존자

제일백육십이 초범행존자

제일백육십삼 전단존자

제일백육십사 무우존자

제일백육십오 국신상존자

제일백육십육 단엄존자

제일백육십칠 연화존자

제일백육십팔 무변력존자

제일백육십구 천광명존자

제일백칠십 혜군고존자

원강도량수아공양
願降道場受我供養

묘감유촉선진화
妙堪遺囑宣眞化

지시친종불구생
知是親從佛口生

중생일념약투성
衆生一念若投誠

곡성담월응사속
谷聲潭月應斯速

고아일심귀명정례
故我一心歸命頂禮

◎ 일심봉청
一心奉請

위대중우 친귀여래
爲大衆祐 親歸如來

원컨대 이 도량에 강림하여 저희들의 공양을 받으소서.

부처님의 유촉과 진리의 나타남을 잘 감당하심은

부처님의 입으로부터 따라 태어나신 것이니

중생이 일념으로 정성을 바치면

곡성과 담월처럼 감응이 빠릅니다.

그러므로 저희들이 일심으로 귀의하여 절합니다.

◎일심으로 받들어 청합니다.

중생의 복전이 되고자 부처님께 친히 귀의하신

제일백칠십일 파두나존자
第 一 百 七 十 一　頗 頭 那 尊 者

제일백칠십이 지통달존자
第 一 百 七 十 二　智 通 達 尊 者

제일백칠십삼 범재맹존자
第 一 百 七 十 三　梵 才 猛 尊 者

제일백칠십사 모옥거존자
第 一 百 七 十 四　毛 玉 矩 尊 者

제일백칠십오 정근심존자
第 一 百 七 十 五　淨 勤 深 尊 者

제일백칠십육 구족륜존자
第 一 百 七 十 六　具 足 輪 尊 者

제일백칠십칠 윤회존자
第 一 百 七 十 七　輪 廻 尊 者

제일백칠십팔 불사존자
第 一 百 七 十 八　佛 沙 尊 者

제일백칠십구 제사봉존자
第 一 百 七 十 九　提 沙 奉 尊 者

제일백팔십 일광존자
第 一 百 八 十　日 光 尊 者

제일백칠십일 파두나존자

제일백칠십이 지통달존자

제일백칠십삼 범재맹존자

제일백칠십사 모옥거존자

제일백칠십오 정근심존자

제일백칠십육 구족륜존자

제일백칠십칠 윤회존자

제일백칠십팔 불사존자

제일백칠십구 제사봉존자

제일백팔십 일광존자

원강도량수아공양
願降道場受我供養

광막청한연애수
廣漠靑漢烟靄收

심침고정파란식
深沈古井波瀾息

징징담담심모양
澄澄湛湛甚模樣

문착이가자부지
問着伊家自不知

고아일심귀명정례
故我一心歸命頂禮

◎일심봉청
一心奉請

소제괘애 진로지욕
消除罣㝵 塵勞之欲

원컨대 이 도량에 강림하여 저희들의 공양을 받으소서.

높고 먼 푸른 하늘에 구름이 걷히고

깊고 깊은 옛 우물에 움직임 멈추니

맑고 맑은 것 어떤 모양인지를

저 사람에게 물어봐도 스스로 모르네.

그러므로 저희들이 일심으로 귀의하여 절합니다.

◎일심으로 받들어 청합니다.

거리낌과 번뇌와 애욕을 소멸하신

제일백팔십일 향니정존자
第一百八十一 香尼淨尊者

제일백팔십이 지통존자
第一百八十二 智通尊者

제일백팔십삼 길상존자
第一百八十三 吉祥尊者

제일백팔십사 나한존자
第一百八十四 羅漢尊者

제일백팔십오 요법음존자
第一百八十五 樂法音尊者

제일백팔십육 구선법존자
第一百八十六 求善法尊者

제일백팔십칠 지혜족존자
第一百八十七 智慧足尊者

제일백팔십팔 선괴재존자
第一百八十八 善怪在尊者

제일백팔십구 광상존자
第一百八十九 光相尊者

제일백구십 서리장존자
第一百九十 瑞理藏尊者

제일백팔십일 향니정존자

제일백팔십이 지통존자

제일백팔십삼 길상존자

제일백팔십사 나한존자

제일백팔십오 요법음존자

제일백팔십육 구선법존자

제일백팔십칠 지혜족존자

제일백팔십팔 선괘재존자

제일백팔십구 광상존자

제일백구십 서리장존자

원강도량수아공양
願降道場受我供養

연록유기망부도
烟鹿幽寄望不到

송풍소설취무시
松風蕭屑吹無時

진일퇴연의석상
盡日頹然倚石床

남곽선생초상아
南郭先生初喪我

고아일심귀명정례
故我一心歸命頂禮

◎일심봉청
　一心奉請

수심묘법　여발도화
修深妙法　與發道化

원컨대 이 도량에 강림하여 저희들의 공양을
받으소서.

깊은 산중에서 수행은 마음 뿐인데

쓸쓸한 솔바람은 무시로 불어온다.

온종일 바위돌에 비스듬히 기대니

남곽선생이 자리를 떠나네.

그러므로 저희들이 일심으로 귀의하여 절합니다.

◎일심으로 받들어 청합니다.

심묘한 법을 닦아 도를 일으키신

제일백구십일 개선존자
第 一 百 九 十 一　開 善 尊 者

제일백구십이 이적존자
第 一 百 九 十 二　離 寂 尊 者

제일백구십삼 화비존자
第 一 百 九 十 三　化 妃 尊 者

제일백구십사 무진구존자
第 一 百 九 十 四　無 塵 垢 尊 者

제일백구십오 문법애존자
第 一 百 九 十 五　聞 法 愛 尊 者

제일백구십육 종선연존자
第 一 百 九 十 六　種 善 緣 尊 者

제일백구십칠 장법당존자
第 一 百 九 十 七　掌 法 幢 尊 者

제일백구십팔 공관과존자
第 一 百 九 十 八　空 觀 果 尊 者

제일백구십구 선광존자
第 一 百 九 十 九　禪 光 尊 者

제이백 입공존자
第 二 百　入 空 尊 者

제일백구십일 개선존자

제일백구십이 이적존자

제일백구십삼 화비존자

제일백구십사 무진구존자

제일백구십오 문법애존자

제일백구십육 종선연존자

제일백구십칠 장법당존자

제일백구십팔 공관과존자

제일백구십구 선광존자

제이백 입공존자

원강도량수아공양
願降道場受我供養

불어삼계현신의
不於三界現身意

호혈마궁자재행
虎穴魔宮自在行

부동정성수공주
不同定性守空株

약토원혜심자온
掠兎遠兮心自穩

고아일심귀명정례
故我一心歸命頂禮

◎일심봉청
一心奉請

무유전도 위의현요
無有顚倒 威儀顯曜

원컨대 이 도량에 강림하여 저희들의 공양을 받으소서.

삼계에서 몸과 의식 나타내지 않고

호랑이굴과 마의 궁전을 자유롭게 다니며

바른 성품은 다르지만 공심을 지켜

토끼 잡은 지 오래라 마음 평온하네.

그러므로 저희들이 일심으로 귀의하여 절합니다.

◎일심으로 받들어 청합니다.

생각의 뒤바뀜이 없고 위의가 드러나 빛나는

제이백일 기이지존자
第二百一 岐伊支尊者

제이백이 감로주존자
第二百二 甘露主尊者

제이백삼 묘성존자
第二百三 妙聲尊者

제이백사 대총명존자
第二百四 大聰明尊者

제이백오 일공주존자
第二百五 一空住尊者

제이백육 지어존자
第二百六 智語尊者

제이백칠 보산왕존자
第二百七 寶山王尊者

제이백팔 제위상존자
第二百八 諸威相尊者

제이백구 취공덕존자
第二百九 聚功德尊者

제이백십 천왕상존자
第二百十 天王相尊者

제이백일 기이지존자

제이백이 감로주존자

제이백삼 묘성존자

제이백사 대총명존자

제이백오 일공주존자

제이백육 지어존자

제이백칠 보산왕존자

제이백팔 제위상존자

제이백구 취공덕존자

제이백십 천왕상존자

원강도량수아공양
願降道場受我供養

괘하의혜착망구
掛霞衣兮着芒屨

수피패엽행차간
手披貝葉行且看

이교위경조자심
以敎爲鏡照自心

수위우피역천각
誰謂牛皮亦穿却

고아일심귀명정례
故我一心歸命頂禮

◎일심봉청
一心奉請

심의청정 신해견고
心意淸淨 信解堅固

원컨대 이 도량에 강림하여 저희들의 공양을
받으소서.

하의를 걸치고 삼신을 신고서

손에는 경전들고 행하면서 마음을 관하며

교로써 거울삼아 본래마음을 비추니

모든 중생 견성하여 부처이루네.

그러므로 저희들이 일심으로 귀의하여 절합니다.

◎일심으로 받들어 청합니다.

마음과 의지가 청정하고 믿음과 이해가 견고하신

제이백십일 묘음희존자
第二百十一　妙音喜尊者

제이백십이 화색존자
第二百十二　花色尊者

제이백십삼 신의금존자
第二百十三　信義金尊者

제이백십사 공덕위존자
第二百十四　功德威尊者

제이백십오 지광존자
第二百十五　智光尊者

제이백십육 감로존자
第二百十六　甘露尊者

제이백십칠 선수호존자
第二百十七　善守護尊者

제이백십팔 이혜심존자
第二百十八　利惠深尊者

제이백십구 사해탈존자
第二百十九　思解脫尊者

제이백이십 승음훤존자
第二百二十　勝音喧尊者

제이백십일 묘음희존자

제이백십이 화색존자

제이백십삼 신의금존자

제이백십사 공덕위존자

제이백십오 지광존자

제이백십육 감로존자

제이백십칠 선수호존자

제이백십팔 이혜심존자

제이백십구 사해탈존자

제이백이십 승음훤존자

원강도량수아공양
願降道場受我供養

내비보살광대심
內秘菩薩廣大心

외현성문협렬상
外現聲聞俠劣相

보칭세간착상인
報稱世間着相人

향거차막생경상
向渠且莫生輕想

고아일심귀명정례
故我一心歸命頂禮

◎일심봉청
一心奉請

형체유연 제근화열
形體柔軟 諸根和悅

원컨대 이 도량에 강림하여 저희들의 공양을
받으소서.

안으로는 보살의 광대한 마음 간직하고

밖으로는 성문의 가볍고 초라한 모습 보이나

세상 일에 집착하는 사람들께 알리니

저분들을 부디 경멸하지 마소서.

그러므로 저희들이 일심으로 귀의하여 절합니다.

◎일심으로 받들어 청합니다.

형체가 부드럽고 모든 감관이 조화로운

제이백이십일 지행족존자
第 二 百 二 十 一 智 行 足 尊 者

제이백이십이 의통존자
第 二 百 二 十 二 義 通 尊 者

제이백이십삼 무과혜존자
第 二 百 二 十 三 無 過 惠 尊 者

제이백이십사 행선인존자
第 二 百 二 十 四 行 善 因 尊 者

제이백이십오 업장승존자
第 二 百 二 十 五 業 藏 勝 尊 者

제이백이십육 묘광엄존자
第 二 百 二 十 六 妙 光 嚴 尊 者

제이백이십칠 선제심존자
第 二 百 二 十 七 善 濟 心 尊 者

제이백이십팔 중생경존자
第 二 百 二 十 八 衆 生 敬 尊 者

제이백이십구 이서독존자
第 二 百 二 十 九 離 署 毒 尊 者

제이백삼십 지요통존자
第 二 百 三 十 智 樂 通 尊 者

제이백이십일 지행족존자

제이백이십이 의통존자

제이백이십삼 무과혜존자

제이백이십사 행선인존자

제이백이십오 업장승존자

제이백이십육 묘광엄존자

제이백이십칠 선제심존자

제이백이십팔 중생경존자

제이백이십구 이서독존자

제이백삼십 지요통존자

원강도량수아공양
願降道場受我供養

장운기애중공혜
障雲豈碍重空慧

지일항명입해문
智日恒明入解門

수불능표화불소
水不能漂火不燒

수유변력삼천계
須臾徧歷三千界

고아일심귀명정례
故我一心歸命頂禮

◎일심봉청
　一心奉請

구장함진 우고실제
垢障咸盡 憂苦悉除

원컨대 이 도량에 강림하여 저희들의 공양을 받으소서.

구름이 어찌 아공과 법공의 지혜를 가리겠는가.

지혜의 해는 항상 밝아 해탈문으로 들어가며

물은 빠뜨리지 못하고 불은 태우지 못하며

잠깐 사이에 삼천세계를 넘나드네.

그러므로 저희들이 일심으로 귀의하여 절합니다.

◎일심으로 받들어 청합니다.

더러움과 장애가 다 없어지고 슬픔과 고통이 모두 제거되신

제이백삼십일 변재일존자
第二百三十一 辯才日尊者

제이백삼십이 명용다존자
第二百三十二 名用多尊者

제이백삼십삼 명월보존자
第二百三十三 明月寶尊者

제이백삼십사 상음수존자
第二百三十四 上音手尊者

제이백삼십오 무중음존자
第二百三十五 無衆音尊者

제이백삼십육 대견음존자
第二百三十六 大見音尊者

제이백삼십칠 범음염존자
第二百三十七 梵音念尊者

제이백삼십팔 장선음존자
第二百三十八 掌善音尊者

제이백삼십구 혜제중존자
第二百三十九 惠濟衆尊者

제이백사십 무등의존자
第二百四十 無等意尊者

제이백삼십일 변재일존자

제이백삼십이 명용다존자

제이백삼십삼 명월보존자

제이백삼십사 상음수존자

제이백삼십오 무중음존자

제이백삼십육 대견음존자

제이백삼십칠 범음염존자

제이백삼십팔 장선음존자

제이백삼십구 혜제중존자

제이백사십 무등의존자

원강도량수아공양
願降道場受我供養

수도인공법불공
誰道人空法不空

법역공방아이증
法亦空方我已證

만상삼라경중현
萬像森羅鏡中現

자연비실역비허
自然非實亦非虛

고아일심귀명정례
故我一心歸命頂禮

◎일심봉청
一心奉請

상견제불 항문정법
常見諸佛 恒聞正法

원컨대 이 도량에 강림하여 저희들의 공양을 받으소서.

인무아는 증득하고 법무아는 증득하지 못했다고 말하느냐.

법도 이미 공함을 증득했는데

삼라만상이 거울 속에 나타남이여.

자연은 스스로 진실도 아니고 허망도 아니네.

그러므로 저희들이 일심으로 귀의하여 절합니다.

◎일심으로 받들어 청합니다.

항상 부처님을 친견하며 정법을 들으신

제이백사십일 금강력존자
第二百四十一 金剛力尊者

제이백사십이 보제존자
第二百四十二 菩提尊者

제이백사십삼 법수왕존자
第二百四十三 法樹王尊者

제이백사십사 반타음존자
第二百四十四 般陀音尊者

제이백사십오 족복덕존자
第二百四十五 足福德尊者

제이백사십육 지우심존자
第二百四十六 智憂心尊者

제이백사십칠 운뇌명존자
第二百四十七 雲雷鳴尊者

제이백사십팔 선애중존자
第二百四十八 善愛衆尊者

제이백사십구 보수덕존자
第二百四十九 寶守德尊者

제이백오십 보승상존자
第二百五十 寶勝相尊者

제이백사십일 금강력존자

제이백사십이 보제존자

제이백사십삼 법수왕존자

제이백사십사 반타음존자

제이백사십오 족복덕존자

제이백사십육 지우심존자

제이백사십칠 운뇌명존자

제이백사십팔 선애중존자

제이백사십구 보수덕존자

제이백오십 보승상존자

원강도량수아공양
願降道場受我供養

발낭괘착한송지
鉢囊掛着寒松枝

간수잔원세쌍족
澗水潺湲洗雙足

등등불관세여윤
騰騰不管歲餘閏

차시해공무사인
此是解空無事人

고아일심귀명정례
故我一心歸命頂禮

◎일심봉청
一心奉請

어불법해 무유의혹
於佛法海 無有疑惑

원컨대 이 도량에 강림하여 저희들의 공양을 받으소서.

호미와 괭이를 소나무 가지에 걸어두고

석간수 흐르는 물에 두발을 씻고

기세가 등등하여 한 해가 가는 것 상관 않으니

이 사람이 도를 이룬 일없는 사람이네.

그러므로 저희들이 일심으로 귀의하여 절합니다.

◎일심으로 받들어 청합니다.

불법의 바다에 의혹이 없으신

제이백오십일 수미존자
第二百五十一 須彌尊者

제이백오십이 이서집존자
第二百五十二 理西集尊者

제이백오십삼 연화상존자
第二百五十三 蓮華相尊者

제이백오십사 지설제존자
第二百五十四 智說第尊者

제이백오십오 나연존자
第二百五十五 那延尊者

제이백오십육 요선존자
第二百五十六 樂善尊者

제이백오십칠 불소소존자
第二百五十七 不少燒尊者

제이백오십팔 견유편존자
第二百五十八 見有便尊者

제이백오십구 다공덕존자
第二百五十九 多功德尊者

제이백육십 보월상존자
第二百六十 寶月相尊者

제이백오십일 수미존자

제이백오십이 이서집존자

제이백오십삼 연화상존자

제이백오십사 지설제존자

제이백오십오 나연존자

제이백오십육 요선존자

제이백오십칠 불소소존자

제이백오십팔 견유편존자

제이백오십구 다공덕존자

제이백육십 보월상존자

원강도량수아공양
願降道場受我供養

행무소행시진행
行無所行是眞行

득무소득시진득
得無所得是眞得

진행진득하소득
眞行眞得何所得

야시유유완달구
也是悠悠盌蹕丘

고아일심귀명정례
故我一心歸命頂禮

◎일심봉청
　一心奉請

이결사박 불착일체
離結使縛 不着一切

원컨대 이 도량에 강림하여 저희들의 공양을 받으소서.

행하는 바 없이 행하여 참행을 행하고

얻은 바 없이 얻어 참얻음을 실천하네.

참된 행과 참된 얻음이 무슨 소득인가?

그냥 세속을 벗어나 유유히 유행을 하네.

그러므로 저희들이 일심으로 귀의하여 절합니다.

◎일심으로 받들어 청합니다.

번뇌망상의 결박을 떠나 모든 것에 집착이 없는

제이백육십일 낙선론존자
第二百六十一 樂禪論尊者

제이백육십이 무소애존자
第二百六十二 無所愛尊者

제이백육십삼 선유희존자
第二百六十三 善遊戲尊者

제이백육십사 덕보구존자
第二百六十四 德寶矩尊者

제이백육십오 명감중존자
第二百六十五 名感衆尊者

제이백육십육 화상중존자
第二百六十六 花相衆尊者

제이백육십칠 대음성존자
第二百六十七 大音聲尊者

제이백육십팔 찬변존자
第二百六十八 讚辨尊者

제이백육십구 금주존자
第二百六十九 金珠尊者

제이백칠십 무량지존자
第二百七十 無量持尊者

제이백육십일 낙선론존자

제이백육십이 무소애존자

제이백육십삼 선유희존자

제이백육십사 덕보구존자

제이백육십오 명감중존자

제이백육십육 화상중존자

제이백육십칠 대음성존자

제이백육십팔 찬변존자

제이백육십구 금주존자

제이백칠십 무량지존자

원강도량수아공양
願降道場受我供養

혹유도입각지천
或有倒立脚地天

혹유의두안착지
或有依頭眼着地

저반거지고난측
這般擧止固難測

시인막인정반성
詩人幕忍定盤星

고아일심귀명정례
故我一心歸命頂禮

◎일심봉청
一心奉請

심입제도 구경피안
深入諸度 究竟彼岸

원컨대 이 도량에 강림하여 저희들의 공양을 받으소서.

거꾸로 서서 발을 하늘로 추겨들고

고개를 숙여 눈을 땅에 붙이기도 하는데

이미 세속을 떠난 행동들이네.

중생들이여! 본래 마음자리를 잘못알지 말라.

그러므로 저희들이 일심으로 귀의하여 절합니다.

◎일심으로 받들어 청합니다.

모든 바라밀에 깊이 들어가 구경열반에 이르신

제이백칠십일 좌엄존자
第二百七十一 座嚴尊者

제이백칠십이 왕상존자
第二百七十二 王相尊者

제이백칠십삼 덕회고존자
第二百七十三 德懷高尊者

제이백칠십사 광명존자
第二百七十四 光明尊者

제이백칠십오 용위존자
第二百七十五 龍位尊者

제이백칠십육 대무존자
第二百七十六 對無尊者

제이백칠십칠 의원족존자
第二百七十七 義圓足尊者

제이백칠십팔 중성광존자
第二百七十八 衆聖光尊者

제이백칠십구 조단존자
第二百七十九 朝端尊者

제이백팔십 선자재존자
第二百八十 善自在尊者

제이백칠십일 좌엄존자

제이백칠십이 왕상존자

제이백칠십삼 덕회고존자

제이백칠십사 광명존자

제이백칠십오 용위존자

제이백칠십육 대무존자

제이백칠십칠 의원족존자

제이백칠십팔 중성광존자

제이백칠십구 조단존자

제이백팔십 선자재존자

원강도량수아공양
願降道場受我供養

임간연좌몰친소
林間宴座沒親疎

무뢰방관우화찬
無賴莠觀雨花讚

아어반야미증설
我於般若未曾說

분분운운도이위
紛紛紜紜徒爾爲

고아일심귀명정례
故我一心歸命頂禮

◎일심봉청
一心奉請

어불경계 심생신락
於佛境界 深生信樂

원컨대 이 도량에 강림하여 저희들의 공양을 받으소서.

깊은 숲속에 가부좌하고 앉아 세속을 떠났는데

무뢰한들이 곁에서 꽃을 뿌려 찬양하네.

일찍이 반야를 말한 적이 없는데

수선을 떨며 공연한 짓 하는구려.

그러므로 저희들이 일심으로 귀의하여 절합니다.

◎일심으로 받들어 청합니다.

깊고깊은 부처님의 경지를 믿고 즐기시는

제이백팔십일 이사념존자
第 二 百 八 十 一　離 思 念 尊 者

제이백팔십이 보수존자
第 二 百 八 十 二　寶 手 尊 者

제이백팔십삼 면만월존자
第 二 百 八 十 三　面 滿 月 尊 者

제이백팔십사 명청고존자
第 二 百 八 十 四　名 淸 高 尊 者

제이백팔십오 중향상존자
第 二 百 八 十 五　衆 香 相 尊 者

제이백팔십육 멸위덕존자
第 二 百 八 十 六　滅 威 德 尊 者

제이백팔십칠 상향상존자
第 二 百 八 十 七　象 香 相 尊 者

제이백팔십팔 마승존자
第 二 百 八 十 八　摩 勝 尊 者

제이백팔십구 애경대존자
第 二 百 八 十 九　愛 敬 大 尊 者

제이백구십 보광존자
第 二 百 九 十　寶 光 尊 者

제이백팔십일 이사념존자

제이백팔십이 보수존자

제이백팔십삼 면만월존자

제이백팔십사 명청고존자

제이백팔십오 중향상존자

제이백팔십육 멸위덕존자

제이백팔십칠 상향상존자

제이백팔십팔 마승존자

제이백팔십구 애경대존자

제이백구십 보광존자

원강도량수아공양
願降道場受我供養

혹즉군행호추양
或則群行互推讓

혹어무불처칭존
或於無佛處稱尊

사아수위조세등
捨我誰爲照世燈

노생요요승거력
勞生擾擾承葉力

고아일심귀명정례
故我一心歸命頂禮

◎일심봉청
一心奉請

통달사제 명료본제
通達四諦 明了本際

원컨대 이 도량에 강림하여 저희들의 공양을
받으소서.

무리를 지어가면서 서로 양보하기도 하고

부처의 처소가 없음을 조심스럽게 말하기도 하지만

나를 버리고 누가 세상 비추는 거울이 되랴.

중생들이 요요히 그의 힘을 입으리라.

그러므로 저희들이 일심으로 귀의하여 절합니다.

◎일심으로 받들어 청합니다.

사성제 고집멸도 근본진리 밝게 깨달으신

제이백구십일 선의다존자
第二百九十一 善意多尊者

제이백구십이 보향상존자
第二百九十二 寶香相尊者

제이백구십삼 덕승경존자
第二百九十三 德勝敬尊者

제이백구십사 각상성존자
第二百九十四 覺上成尊者

제이백구십오 장엄선존자
第二百九十五 莊嚴善尊者

제이백구십육 향묘제존자
第二百九十六 香杳濟尊者

제이백구십칠 상환희존자
第二百九十七 常歡喜尊者

제이백구십팔 장봉불존자
第二百九十八 掌捧佛尊者

제이백구십구 경대중존자
第二百九十九 敬大衆尊者

제삼백 상자재존자
第三百 常自在尊者

제이백구십일 선의다존자

제이백구십이 보향상존자

제이백구십삼 덕승경존자

제이백구십사 각상성존자

제이백구십오 장엄선존자

제이백구십육 향묘제존자

제이백구십칠 상환희존자

제이백구십팔 장봉불존자

제이백구십구 경대중존자

제삼백 상자재존자

원강도량수아공양
願降道場受我供養

문전걸식인위범
門前乞食人謂凡

석상안선오의사
石上安禪鳥疑死

임이천반망분별
任儞天般妄分別

하관어아일성아
何關於我一星兒

고아일심귀명정례
故我一心歸命頂禮

◎일심봉청
一心奉請

발기무변 광대서원
發起無邊 廣大誓願

원컨대 이 도량에 강림하여 저희들의 공양을
받으소서.

초라한 모습으로 문전걸식하니 범부로 여기고

돌 위에 참선하니 새들이 날아드네.

천만 가지로 망상 분별 하지만

그것이 나에게는 조금도 상관없네.

그러므로 저희들이 일심으로 귀의하여 절합니다.

◎일심으로 받들어 청합니다.

끝이 없는 광대한 서원을 발원하신

제삼백일 용종존자
第三百一 龍種尊者

제삼백이 자상모존자
第三百二 慈相貌尊者

제삼백삼 묘향훈존자
第三百三 妙香勳尊者

제삼백사 맹위덕존자
第三百四 猛威德尊者

제삼백오 현경존자
第三百五 賢敬尊者

제삼백육 선유목존자
第三百六 善遊目尊者

제삼백칠 범자재존자
第三百七 梵自在尊者

제삼백팔 복위덕존자
第三百八 福威德尊者

제삼백구 생정선존자
第三百九 生淨善尊者

제삼백십 성무진존자
第三百十 性無盡尊者

제삼백일 용종존자

제삼백이 자상모존자

제삼백삼 묘향훈존자

제삼백사 맹위덕존자

제삼백오 현경존자

제삼백육 선유목존자

제삼백칠 범자재존자

제삼백팔 복위덕존자

제삼백구 생정선존자

제삼백십 성무진존자

원강도량수아공양
願降道場受我供養

출리삼계종무위
出離三界縱無爲

법화이전유체소
法華已前猶滯小

급피삼주개현익
及被三周開顯益

소행개이대권수
所行皆以大權收

고아일심귀명정례
故我一心歸命頂禮

◎일심봉청
一心奉請

성취성로 획선구경
成就聖路 獲先究竟

원컨대 이 도량에 강림하여 저희들의 공양을 받으소서.

삼계를 벗어나 무위를 증득했으나

법화 이전에는 오히려 소승이었더니

삼주설법의 일불승 법문으로 마음이 열려

행하는 바가 모두 대승으로 거두었네.

그러므로 저희들이 일심으로 귀의하여 절합니다.

◎일심으로 받들어 청합니다.

성인의 도를 성취하여 구경열반을 획득하신

제삼백십일 전법륜존자
第三百十一 轉法輪尊者

제삼백십이 목관면존자
第三百十二 目觀面尊者

제삼백십삼 대정진존자
第三百十三 大精進尊者

제삼백십사 흥홍존자
第三百十四 興弘尊者

제삼백십오 대광명존자
第三百十五 大光明尊者

제삼백십육 뇌광목존자
第三百十六 雷光目尊者

제삼백십칠 편보위존자
第三百十七 便寶位尊者

제삼백십팔 보구호존자
第三百十八 普求護尊者

제삼백십구 지계율존자
第三百十九 持戒律尊者

제삼백이십 선근호존자
第三百二十 善根護尊者

제삼백십일 전법륜존자

제삼백십이 목관면존자

제삼백십삼 대정진존자

제삼백십사 흥홍존자

제삼백십오 대광명존자

제삼백십육 뇌광목존자

제삼백십칠 편보위존자

제삼백십팔 보구호존자

제삼백십구 지계율존자

제삼백이십 선근호존자

원강도량수아공양
願降道場受我供養

중조함화수헌과
衆鳥含花獸獻果

천녀집중동자병
天女執中童子瓶

저반공양야심상
這般供養也尋常

차시농가득소감
此是儂家得所感

고아일심귀명정례
故我一心歸命頂禮

◎일심봉청
　一心奉請

실각진제 증여실제
悉覺眞諦 證如實際

원컨대 이 도량에 강림하여 저희들의 공양을
받으소서.

뭇새가 꽃 바치고 짐승이 과일 올리며

천녀가 수건 받들고 동자가 물병 드리는

그러한 공양들은 예사로운 일이니

깨달음에서 주어지는 한낱 감응일 뿐이네.

그러므로 저희들이 일심으로 귀의하여 절합니다.

◎일심으로 받들어 청합니다.

진제를 다 깨달아 실제를 증득하신

제삼백이십일 정음지존자
第三百二十一 貞音志尊者

제삼백이십이 백문존자
第三百二十二 白聞尊者

제삼백이십삼 선집수존자
第三百二十三 善執手尊者

제삼백이십사 상왕위존자
第三百二十四 象王位尊者

제삼백이십오 조편공존자
第三百二十五 照便空尊者

제삼백이십육 사자위존자
第三百二十六 獅子威尊者

제삼백이십칠 고상명존자
第三百二十七 高上明尊者

제삼백이십팔 의혜통존자
第三百二十八 義惠通尊者

제삼백이십구 원상명존자
第三百二十九 圓上明尊者

제삼백삼십 신광조존자
第三百三十 身光照尊者

제삼백이십일 정음지존자

제삼백이십이 백문존자

제삼백이십삼 선집수존자

제삼백이십사 상왕위존자

제삼백이십오 조편공존자

제삼백이십육 사자위존자

제삼백이십칠 고상명존자

제삼백이십팔 의혜통존자

제삼백이십구 원상명존자

제삼백삼십 신광조존자

원강도량수아공양
願降道場受我供養

자종학수엄금관
自從鶴樹掩金棺

일월잠휘천지암
日月潛輝天地闇

천지암방미자중
天地闇方迷者衆

제상인배수지남
際上人輩誰指南

고아일심귀명정례
故我一心歸命頂禮

◎일심봉청
一心奉請

체득보살 무량제력
逮得菩薩 無量諸力

원컨대 이 도량에 강림하여 저희들의 공양을 받으소서.

사라쌍수에서 열반에 드신 후로

일월이 빛을 잃고 천지가 어두워서

하늘과 땅이 어둡고 미혹한 사람 많은데

스승을 제외하고는 누가 중생제도 하겠는가?

그러므로 저희들이 일심으로 귀의하여 절합니다.

◎일심으로 받들어 청합니다.

보살의 한량없는 모든 힘을 얻으신

제삼백삼십일 파륜존자
第 三 百 三 十 一 破 輪 尊 者

제삼백삼십이 광명등존자
第 三 百 三 十 二 光 明 等 尊 者

제삼백삼십삼 주륜왕존자
第 三 百 三 十 三 朱 輪 王 尊 者

제삼백삼십사 가세사존자
第 三 百 三 十 四 加 世 師 尊 者

제삼백삼십오 지상존자
第 三 百 三 十 五 持 相 尊 者

제삼백삼십육 보염광존자
第 三 百 三 十 六 寶 炎 光 尊 者

제삼백삼십칠 나후존자
第 三 百 三 十 七 羅 睺 尊 者

제삼백삼십팔 응찬존자
第 三 百 三 十 八 應 讚 尊 者

제삼백삼십구 요보리존자
第 三 百 三 十 九 樂 菩 提 尊 者

제삼백사십 등광명존자
第 三 百 四 十 等 光 明 尊 者

제삼백삼십일 파륜존자

제삼백삼십이 광명등존자

제삼백삼십삼 주륜왕존자

제삼백삼십사 가세사존자

제삼백삼십오 지상존자

제삼백삼십육 보염광존자

제삼백삼십칠 나후존자

제삼백삼십팔 응찬존자

제삼백삼십구 요보리존자

제삼백사십 등광명존자

원강도량수아공양
願降道場受我供養

장위회신우멸지
將謂灰身又滅智

해탈심갱영타근
解脫深坑永探根

여금공작화중련
如今共作火中蓮

시신사회불림과
始信死灰不淋過

고아일심귀명정례
故我一心歸命頂禮

◎일심봉청
一心奉請

심입법성 이생사해
深入法性　離生死海

원컨대 이 도량에 강림하여 저희들의 공양을 받으소서.

장차 해탈하여 열반적정에 들어

무명의 구덩이를 벗어나 근본자리에 머문 것이라 여겼더니

지금에야 세속에 있으면서 연꽃을 피웠구나.

번뇌가 소멸한 것은 시절인연이 되어야 이루어 짐을 알겠네.

그러므로 저희들이 일심으로 귀의하여 절합니다.

◎일심으로 받들어 청합니다.

법성에 깊이 들어가서 생사의 바다를 벗어나신

제삼백사십일 정적멸존자
第三百四十一 淨寂滅尊者

제삼백사십이 세최묘존자
第三百四十二 世最妙尊者

제삼백사십삼 무우애존자
第三百四十三 無憂愛尊者

제삼백사십사 세력존자
第三百四十四 勢力尊者

제삼백사십오 공덕장존자
第三百四十五 功德藏尊者

제삼백사십육 진행족존자
第三百四十六 眞行足尊者

제삼백사십칠 상안주존자
第三百四十七 常安住尊者

제삼백사십팔 광삼매존자
第三百四十八 光三昧尊者

제삼백사십구 진보장존자
第三百四十九 珍寶藏尊者

제삼백오십 득보명존자
第三百五十 得寶明尊者

제삼백사십일 정적멸존자

제삼백사십이 세최묘존자

제삼백사십삼 무우애존자

제삼백사십사 세력존자

제삼백사십오 공덕장존자

제삼백사십육 진행족존자

제삼백사십칠 상안주존자

제삼백사십팔 광삼매존자

제삼백사십구 진보장존자

제삼백오십 득보명존자

원강도량수아공양
願降道場受我供養

출정유여해월명
出定唯餘海月明

요방곽방실소쇄
寥芳廓芳實蕭灑

거보행행각지립
擧步行行却遲立

교송수학욕비양
翹松瘦鶴欲飛揚

고아일심귀명정례
故我一心歸命頂禮

◎일심봉청
一心奉請

안주여래 허공경계
安住如來 虛空境界

원컨대 이 도량에 강림하여 저희들의 공양을
받으소서.

도에 나아감에 밝은 해와 달만 남아 있어서

고요하고 텅비어 실로 소쇄함이여.

걷고 걷다가 문득 서 있기도 하여

앙상한 소나무에 여윈 학이 날으려 함이네.

그러므로 저희들이 일심으로 귀의하여 절합니다.

◎ 일심으로 받들어 청합니다.

여래의 허공경계에 안주하여 계시는

제삼백오십일 광덕조존자
第三百五十一 廣德造尊者

제삼백오십이 성수권존자
第三百五十二 成首卷尊者

제삼백오십삼 선화색존자
第三百五十三 善花色尊者

제삼백오십사 집현겁존자
第三百五十四 執賢劫尊者

제삼백오십오 대해량존자
第三百五十五 大海量尊者

제삼백오십육 수지장존자
第三百五十六 守智藏尊者

제삼백오십칠 의통존자
第三百五十七 義通尊者

제삼백오십팔 선사유존자
第三百五十八 善思惟尊者

제삼백오십구 찬덕존자
第三百五十九 讚德尊者

제삼백육십 대보장존자
第三百六十 大寶藏尊者

제삼백오십일 광덕조존자

제삼백오십이 성수권존자

제삼백오십삼 선화색존자

제삼백오십사 집현겁존자

제삼백오십오 대해량존자

제삼백오십육 수지장존자

제삼백오십칠 의통존자

제삼백오십팔 선사유존자

제삼백오십구 찬덕존자

제삼백육십 대보장존자

원강도량수아공양
願降道場受我供養

치자무단사부서
稚子無端捨父逝

분치방유적양화
奔馳傍柳摘楊花

중현친봉왕해언
衆賢親捧往諧言

출문공작여래사
出門共作如來使

고아일심귀명정례
故我一心歸命頂禮

◎일심봉청
一心奉請

회향취구 일체지지
廻向趣求 一切智智

원컨대 이 도량에 강림하여 저희들의 공양을 받으소서.

어린애가 아버지를 떠나 달아나서

사방에 헤매다가 버들꽃을 따는 것처럼

중생과 현인들이 서로 받들고 익살부리다가

세속으로 나와서는 함께 여래의 전법사가 되셨네.

그러므로 저희들이 일심으로 귀의하여 절합니다.

◎일심으로 받들어 청합니다.

진리를 회향하여 일체지지를 따라 구하시는

제삼백육십일 상이익존자
第 三 百 六 十 一　常 利 益 尊 者

제삼백육십이 찬미음존자
第 三 百 六 十 二　讚 美 音 尊 者

제삼백육십삼 범상신존자
第 三 百 六 十 三　梵 上 身 尊 者

제삼백육십사 아난상존자
第 三 百 六 十 四　阿 難 相 尊 者

제삼백육십오 응공양존자
第 三 百 六 十 五　應 供 養 尊 者

제삼백육십육 명덕상존자
第 三 百 六 十 六　明 德 相 尊 者

제삼백육십칠 명이존자
第 三 百 六 十 七　明 異 尊 者

제삼백육십팔 청중존자
第 三 百 六 十 八　請 衆 尊 者

제삼백육십구 무변성존자
第 三 百 六 十 九　無 邊 聖 尊 者

제삼백칠십 곡왕존자
第 三 百 七 十　曲 王 尊 者

제삼백육십일 상이익존자

제삼백육십이 찬미음존자

제삼백육십삼 범상신존자

제삼백육십사 아난상존자

제삼백육십오 응공양존자

제삼백육십육 명덕상존자

제삼백육십칠 명이존자

제삼백육십팔 청중존자

제삼백육십구 무변성존자

제삼백칠십 곡왕존자

원강도량수아공양
願降道場受我供養

삼천계내방신광
三千界內放身光

유연패연작운우
油然霈然作雲雨

수시초아여패종
雖是焦芽與敗種

무론원근개몽윤
無論遠近皆蒙潤

고아일심귀명정례
故我一心歸命頂禮

◎일심봉청
一心奉請

어제불소 의혹실제
於諸佛所 疑惑悉除

원컨대 이 도량에 강림하여 저희들의 공양을 받으소서.

삼천세계에 몸의 광명 놓아서

뭉게뭉게 구름을 피우고 주룩주룩 비를 내리니

비록 타버린 싹과 썩은 씨앗이라도

멀고 가까운 인연 논할 것 없이 다 해택을 받네.

그러므로 저희들이 일심으로 귀의하여 절합니다.

◎일심으로 받들어 청합니다.

여러 부처님 처소에서 의혹을 다 제거하신

제삼백칠십일 불허존자
第 三 百 七 十 一　不 虛 尊 者

제삼백칠십이 승천선존자
第 三 百 七 十 二　勝 川 仙 尊 者

제삼백칠십삼 지왕성존자
第 三 百 七 十 三　智 王 聖 尊 者

제삼백칠십사 양선법존자
第 三 百 七 十 四　揚 善 法 尊 者

제삼백칠십오 율목음존자
第 三 百 七 十 五　律 目 音 尊 者

제삼백칠십육 화국왕존자
第 三 百 七 十 六　華 國 王 尊 者

제삼백칠십칠 의정존자
第 三 百 七 十 七　意 淨 尊 者

제삼백칠십팔 명안존자
第 三 百 七 十 八　明 眼 尊 者

제삼백칠십구 명선존자
第 三 百 七 十 九　明 善 尊 者

제삼백팔십 수공덕존자
第 三 百 八 十　修 功 德 尊 者

제삼백칠십일 불허존자

제삼백칠십이 승천선존자

제삼백칠십삼 지왕성존자

제삼백칠십사 양선법존자

제삼백칠십오 율목음존자

제삼백칠십육 화국왕존자

제삼백칠십칠 의정존자

제삼백칠십팔 명안존자

제삼백칠십구 명선존자

제삼백팔십 수공덕존자

원강도량수아공양
願降道場受我供養

미모복안모기고
眉毛覆眼貌奇古

마힐유난진득성
摩詰猶難盡得成

증향영산회이봉
曾向靈山會裡逢

숙연사연금복치
宿緣使然今復値

고아일심귀명정례
故我一心歸命頂禮

◎일심봉청
一心奉請

심입신향 제불대해
深入信向 諸佛大海

원컨대 이 도량에 강림하여 저희들의 공양을
받으소서.

눈썹이 눈을 덮고 얼굴이 고괴하여

유마도 그 모양을 다 그릴 수가 없어라.

일찍이 영산회상에서 만났는데

과거세의 인연으로 이생에도 이렇게 만났네.

그러므로 저희들이 일심으로 귀의하여 절합니다.

◎일심으로 받들어 청합니다.

부처님세계의 큰 바다에 깊이 들어가 믿고 따르는

제삼백팔십일 선관존자
第三百八十一 善觀尊者

제삼백팔십이 중의리존자
第三百八十二 衆義利尊者

제삼백팔십삼 무요의존자
第三百八十三 無曜意尊者

제삼백팔십사 관상견존자
第三百八十四 觀相堅尊者

제삼백팔십오 법상집존자
第三百八十五 法相執尊者

제삼백팔십육 주족상존자
第三百八十六 珠足相尊者

제삼백팔십칠 지해탈존자
第三百八十七 智解脫尊者

제삼백팔십팔 묘견광존자
第三百八十八 妙見光尊者

제삼백팔십구 선의존자
第三百八十九 善義尊者

제삼백구십 보고중존자
第三百九十 普固衆尊者

제삼백팔십일 선관존자

제삼백팔십이 중의리존자

제삼백팔십삼 무요의존자

제삼백팔십사 관상견존자

제삼백팔십오 법상집존자

제삼백팔십육 주족상존자

제삼백팔십칠 지해탈존자

제삼백팔십팔 묘견광존자

제삼백팔십구 선의존자

제삼백구십 보고중존자

원강도량수아공양
願降道場受我供養

안공제색역개공
眼空諸色亦皆空

비정중향무소염
鼻淨衆香無所染

막아제근능호용
莫訝諸根能互用

증수영산기별래
曾受靈山記莂來

고아일심귀명정례
故我一心歸命頂禮

◎일심봉청
一心奉請

진제유결 심득자재
盡諸有結 心得自在

원컨대 이 도량에 강림하여 저희들의 공양을 받으소서.

눈이 공하고 모든 색도 또한 공하며

코가 청정하여 냄새에 자유롭네.

육근과 육진이 잘 어울림을 의심치말라.

일찍 영산에서 수기를 받고 오셨네.

그러므로 저희들이 일심으로 귀의하여 절합니다.

◎일심으로 받들어 청합니다.

모든 결박을 다 없애어 마음이 자재하신

제삼백구십일 호지용존자
第三百九十一 好智用尊者

제삼백구십이 범천선존자
第三百九十二 梵天仙尊者

제삼백구십삼 보력의존자
第三百九十三 寶力意尊者

제삼백구십사 정지의존자
第三百九十四 淨智意尊者

제삼백구십오 득력금존자
第三百九十五 得力金尊者

제삼백구십육 희유명존자
第三百九十六 希有名尊者

제삼백구십칠 상계율존자
第三百九十七 上戒律尊者

제삼백구십팔 일월조존자
第三百九十八 日月照尊者

제삼백구십구 범명존자
第三百九十九 梵名尊者

제사백 도리천존자
第四百 忉利天尊者

제삼백구십일 호지용존자

제삼백구십이 범천선존자

제삼백구십삼 보력의존자

제삼백구십사 정지의존자

제삼백구십오 득력금존자

제삼백구십육 희유명존자

제삼백구십칠 상계율존자

제삼백구십팔 일월조존자

제삼백구십구 범명존자

제사백 도리천존자

원강도량수아공양
願降道場受我供養

적공리물불검돌
翟公利物不黔堗

양자애신유석모
楊子愛身猶惜毛

수능유희양영간
誰能遊戲兩楹間

유아성혜득여차
唯我聖兮得如此

고아일심귀명정례
故我一心歸命頂禮

◎일심봉청
一心奉請

출생무진 원만대비
出生無盡 圓滿大悲

원컨대 이 도량에 강림하여 저희들의 공양을
받으소서.

묵자는 남을 이롭게 하므로 추워도 불을 피우지 않고

도가의 양주는 자신을 이롭게 함에 한 푼도 아낀다.

묵자와 양자의 두 현인의 삶이 이러할진대

오직 성인들만 그렇게 하는구나.

그러므로 저희들이 일심으로 귀의하여 절합니다.

◎일심으로 받들어 청합니다.

끝이없는 원만자비를 나타내시는

제사백일 주공존자
第四百一 住空尊者

제사백이 보월존자
第四百二 寶月尊者

제사백삼 공덕장존자
第四百三 功德藏尊者

제사백사 지의명존자
第四百四 智義明尊者

제사백오 상덕력존자
第四百五 上德力尊者

제사백육 지적존자
第四百六 智寂尊者

제사백칠 화치제존자
第四百七 化齒際尊者

제사백팔 수요왕존자
第四百八 修樂王尊者

제사백구 흥법보존자
第四百九 興法寶尊者

제사백십 견지행존자
第四百十 堅智行尊者

제사백일 주공존자

제사백이 보월존자

제사백삼 공덕장존자

제사백사 지의명존자

제사백오 상덕력존자

제사백육 지적존자

제사백칠 화치제존자

제사백팔 수요왕존자

제사백구 흥법보존자

제사백십 견지행존자

원강도량수아공양
願降道場受我供養

벽동안선소습루
碧洞安禪消習漏

홍진혼적접혼몽
紅塵混迹椄昏蒙

자타겸제증무생
自他兼濟證無生

정시여래진적자
正是如來眞嫡子

고아일심귀명정례
故我一心歸命頂禮

◎ 일심봉청
一心奉請

수순여래 성제자중
隨順如來 聖弟子衆

원컨대 이 도량에 강림하여 저희들의 공양을 받으소서.

동굴에서 좌선하여 번뇌와 업을 녹이고

세상에 드나들며 무명과 어리석음을 일깨워주며

자타를 함께 갖추어 무생을 증득하니

그가 바로 여래의 참 적자이시네.

그러므로 저희들이 일심으로 귀의하여 절합니다.

◎일심으로 받들어 청합니다.

여래를 따르는 뛰어난 제자들이신

제사백십일 덕류포존자
第四百十一 德流布尊者

제사백십이 지왕종존자
第四百十二 智王種尊者

제사백십삼 전성주존자
第四百十三 傳聖住尊者

제사백십사 득법의존자
第四百十四 得法意尊者

제사백십오 혜해존자
第四百十五 惠海尊者

제사백십육 안상서존자
第四百十六 安常瑞尊者

제사백십칠 대정진존자
第四百十七 對精進尊者

제사백십팔 천안존자
第四百十八 天眼尊者

제사백십구 혜관존자
第四百十九 惠觀尊者

제사백이십 상당신존자
第四百二十 常幢身尊者

제사백십일 덕류포존자

제사백십이 지왕종존자

제사백십삼 전성주존자

제사백십사 득법의존자

제사백십오 혜해존자

제사백십육 안상서존자

제사백십칠 대정진존자

제사백십팔 천안존자

제사백십구 혜관존자

제사백이십 상당신존자

원강도량수아공양
願降道場受我供養

차문생애하소유
且問生涯何所有

장상유경일발우
掌上唯擎一鉢盂

비단영용래자강
非但擰龍來自降

대천사계증성거
大千沙界曾盛去

고아일심귀명정례
故我一心歸命頂禮

◎ 일심봉청
一心奉請

어제유결 심득해탈
於諸有結 心得解脫

원컨대 이 도량에 강림하여 저희들의 공양을 받으소서.

공손히 묻습니다. 한생을 살면서 무엇을 얻었는 지요?

가진 것은 오직 하나 밥그릇뿐이네.

비단 날뛰는 용을 항복시켰을 뿐만 아니라

대천의 모래만큼 많은 세계를 그 안에 담아 갔느니라.

그러므로 저희들이 일심으로 귀의하여 절합니다.

◎일심으로 받들어 청합니다.

모든 결박에서 마음의 해탈을 얻으신

제사백이십일 밀중행존자
第四百二十一 密衆行尊者

제사백이십이 정존의존자
第四百二十二 定尊意尊者

제사백이십삼 애요존자
第四百二十三 愛要尊者

제사백이십사 우왕상존자
第四百二十四 牛王相尊者

제사백이십오 묘비력존자
第四百二十五 妙譬力尊者

제사백이십육 대륜거존자
第四百二十六 大輪車尊者

제사백이십칠 원원만존자
第四百二十七 願圓滿尊者

제사백이십팔 묘공혜존자
第四百二十八 妙空惠尊者

제사백이십구 덕광명존자
第四百二十九 德光明尊者

제사백삼십 보음성존자
第四百三十 寶音聲尊者

제사백이십일 밀중행존자

제사백이십이 정존의존자

제사백이십삼 애요존자

제사백이십사 우왕상존자

제사백이십오 묘비력존자

제사백이십육 대륜거존자

제사백이십칠 원원만존자

제사백이십팔 묘공혜존자

제사백이십구 덕광명존자

제사백삼십 보음성존자

원강도량수아공양
願降道場受我供養

묵연폐안지이좌
默然閉眼支頤坐

무수려중여유수
無數慮中如有愁

응어삼계고륜중
應於三界苦輪中

민념중생출환몰
愍念衆生出還沒

고아일심귀명정례
故我一心歸命頂禮

◎일심봉청
一心奉請

성취보살 무의보리
成就菩薩 無疑菩提

원컨대 이 도량에 강림하여 저희들의 공양을 받으소서.

말없이 눈감고 턱을 괴고 앉아서

수많은 생각에 근심걱정 있는 듯 보이나

삼계를 윤회하는 고통바다에서

중생들이 출몰함을 가엾게 생각하는 것이네.

그러므로 저희들이 일심으로 귀의하여 절합니다.

◎일심으로 받들어 청합니다.

보살이 깨달음에 의혹이 없음을 성취하신

제사백삼십일 금강운존자
第四百三十一 金剛運尊者

제사백삼십이 부상행존자
第四百三十二 富常行尊者

제사백삼십삼 가섭존자
第四百三十三 迦葉尊者

제사백삼십사 맹위존자
第四百三十四 猛威尊者

제사백삼십오 대광명존자
第四百三十五 大光明尊者

제사백삼십육 일광요존자
第四百三十六 日光曜尊者

제사백삼십칠 위분별존자
第四百三十七 威分別尊者

제사백삼십팔 무손상존자
第四百三十八 無損相尊者

제사백삼십구 밀구의존자
第四百三十九 密具衣尊者

제사백사십 선적행존자
第四百四十 善寂行尊者

제사백삼십일 금강운존자

제사백삼십이 부상행존자

제사백삼십삼 가섭존자

제사백삼십사 맹위존자

제사백삼십오 대광명존자

제사백삼십육 일광요존자

제사백삼십칠 위분별존자

제사백삼십팔 무손상존자

제사백삼십구 밀구의존자

제사백사십 선적행존자

원강도량수아공양
願降道場受我供養

본시무구해탈인
本是無求解脫人

장위수행출전박
將謂修行出纏縛

홀지몽회무일사
忽地夢廻無一事

아시주처노지수
兒時做處老知羞

고아일심귀명정례
故我一心歸命頂禮

◎일심봉청
一心奉請

이제번뇌 조복제근
離諸煩惱 調伏諸根

원컨대 이 도량에 강림하여 저희들의 공양을
받으소서.

본래 해탈을 구함이 없는 사람도

수행하면 속박에서 벗어난다고 여겼는데

문득 꿈 깨고 보니 아무 것도 없음이여!

어릴 때 하던 행위 늙어서 부끄러워하네.

그러므로 저희들이 일심으로 귀의하여 절합니다.

◎일심으로 받들어 청합니다.

모든 번뇌 떠나고 모든 감관을 조복 받으신

제사백사십일 지명행존자
第四百四十一 持明行尊者

제사백사십이 부동념존자
第四百四十二 不動念尊者

제사백사십삼 청대운존자
第四百四十三 請大雲尊者

제사백사십사 득법음존자
第四百四十四 得法音尊者

제사백사십오 엄토의존자
第四百四十五 嚴土意尊者

제사백사십육 고출중존자
第四百四十六 高出衆尊者

제사백사십칠 상존존자
第四百四十七 相尊尊者

제사백사십팔 보현존자
第四百四十八 普賢尊者

제사백사십구 율감존자
第四百四十九 律監尊者

제사백오십 각현존자
第四百五十 覺賢尊者

제사백사십일 지명행존자

제사백사십이 부동념존자

제사백사십삼 청대운존자

제사백사십사 득법음존자

제사백사십오 엄토의존자

제사백사십육 고출중존자

제사백사십칠 상존존자

제사백사십팔 보현존자

제사백사십구 율감존자

제사백오십 각현존자

원강도량수아공양
願降道場受我供養

일행일주불유구
一行一住不踰矩

혹좌혹와불구상
或坐或臥不拘常

막향사의견노승
莫向四儀見老僧

국사증답비로정
國師曾踏毘盧頂

고아일심귀명정례
故我一心歸命頂禮

◎일심봉청
一心奉請

치평등인 심득해탈
致平等忍 心得解脫

원컨대 이 도량에 강림하여 저희들의 공양을 받으소서.

하나의 행동과 머무름이 법도에 벗어나지 않고

앉고 누움도 일상에 구애됨이 없으니

아라한의 지위에서 깨달음을 논하지 말라.

혜충국사가 일찍이 깨달음의 정수리를 밟으셨네.

그러므로 저희들이 일심으로 귀의하여 절합니다.

◎일심으로 받들어 청합니다.

마음의 평등을 성취하여 해탈을 얻으신

제사백사십일 지명행존자
第四百四十一 持明行尊者

제사백사십이 부동념존자
第四百四十二 不動念尊者

제사백사십삼 청대운존자
第四百四十三 請大雲尊者

제사백사십사 득법음존자
第四百四十四 得法音尊者

제사백사십오 엄토의존자
第四百四十五 嚴土意尊者

제사백사십육 고출중존자
第四百四十六 高出衆尊者

제사백사십칠 상존존자
第四百四十七 相尊尊者

제사백사십팔 보현존자
第四百四十八 普賢尊者

제사백사십구 율감존자
第四百四十九 律監尊者

제사백오십 각현존자
第四百五十 覺賢尊者

제사백오십일 지존의존자

제사백오십이 공덕왕존자

제사백오십삼 찬법왕존자

제사백오십사 화광중존자

제사백오십오 허공주존자

제사백오십육 중상존자

제사백오십칠 변론존자

제사백오십팔 세공덕존자

제사백오십구 무진구존자

제사백육십 자재상존자

원강도량수아공양
願降道場受我供養

일월소조수무편
日月所照雖無偏

각유광명미도처
却有光明未到處

응진응화불여피
應眞應化不如彼

구류사생실개몽
九流四生悉皆蒙

고아일심귀명정례
故我一心歸命頂禮

◎일심봉청
一心奉請

이득자재 체득이리
已得自在 逮得已利

원컨대 이 도량에 강림하여 저희들의 공양을 받으소서.

해와 달은 세상을 고루 비추나

그 광명 미치지 못한 곳 있어도

깨달은 자의 방편은 그와 같지 않아서

육도윤회하는 모든 중생에게 득을 주시네.

그러므로 저희들이 일심으로 귀의하여 절합니다.

◎일심으로 받들어 청합니다.

이미 자재함과 이득을 모두 얻으신

제사백육십일 묘엄모존자
第四百六十一 妙嚴貌尊者

제사백육십이 심경견존자
第四百六十二 尋慶見尊者

제사백육십삼 희무량존자
第四百六十三 喜無量尊者

제사백육십사 세공양존자
第四百六十四 世供養尊者

제사백육십오 응일장존자
第四百六十五 應日藏尊者

제사백육십육 중지통존자
第四百六十六 衆智通尊者

제사백육십칠 호법존자
第四百六十七 護法尊者

제사백육십팔 감로존자
第四百六十八 甘露尊者

제사백육십구 현보존자
第四百六十九 現寶尊者

제사백칠십 이다보존자
第四百七十 移多寶尊者

제사백육십일 묘엄모존자

제사백육십이 심경견존자

제사백육십삼 희무량존자

제사백육십사 세공양존자

제사백육십오 응일장존자

제사백육십육 중지통존자

제사백육십칠 호법존자

제사백육십팔 감로존자

제사백육십구 현보존자

제사백칠십 이다보존자

원강도량수아공양
願降道場受我供養

남남삼삼견상납
襤襤縿縿肩上衲

산수록방중칠근
山水淥方重七斤

외암타좌금기춘
隈岩打坐今幾春

낙화만지홍무수
落花滿地紅無數

고아일심귀명정례
故我一心歸命頂禮

◎일심봉청
一心奉請

이탈어혜 심해득도
已脫於慧 心解得道

원컨대 이 도량에 강림하여 저희들의 공양을 받으소서.

장삼은 헤어져 너울너울한 누더기인데

산과 물 푸른데 그 무게는 칠근이라

모난 바위에 앉은 지가 봄이 몇 번 지났는가.

낙화가 땅에 가득하여 그 붉음 가득하여라.

그러므로 저희들이 일심으로 귀의하여 절합니다.

◎일심으로 받들어 청합니다.

지혜까지 이미 벗어나 마음을 얻어 도를 이루신

제사백칠십일 공덕인존자
第四百七十一 功德因尊者

제사백칠십이 요사유존자
第四百七十二 樂思惟尊者

제사백칠십삼 지통존자
第四百七十三 智通尊者

제사백칠십사 다문존자
第四百七十四 多聞尊者

제사백칠십오 요해탈존자
第四百七十五 樂解脫尊者

제사백칠십육 주왕상존자
第四百七十六 住王相尊者

제사백칠십칠 교범파존자
第四百七十七 交梵波尊者

제사백칠십팔 불퇴광존자
第四百七十八 不退光尊者

제사백칠십구 심상등존자
第四百七十九 尋相得尊者

제사백팔십 호도존자
第四百八十 好道尊者

제사백칠십일 공덕인존자

제사백칠십이 요사유존자

제사백칠십삼 지통존자

제사백칠십사 다문존자

제사백칠십오 요해탈존자

제사백칠십육 주왕상존자

제사백칠십칠 교범파존자

제사백칠십팔 불퇴광존자

제사백칠십구 심상등존자

제사백팔십 호도존자

원강도량수아공양
願降道場受我供養

비석운간득자유
飛錫雲間得自由

차방출방타방몰
此方出方他方沒

첨지재전홀재후
瞻之在前忽在後

주주반혜반주주
珠走盤兮盤走走

고아일심귀명정례
故我一心歸命頂禮

◎일심봉청
一心奉請

생사이색 중결즉단
生死已索 衆結卽斷

원컨대 이 도량에 강림하여 저희들의 공양을 받으소서.

자유롭게 지팡이를 구름 사이에 휘날리고

이 쪽에서 나왔다가 저쪽에서 사라지며

앞에서 보이다가 문득 뒤에 있음이여.

구슬이 소반에 구르고 소반이 구슬에 구르네.

그러므로 저희들이 일심으로 귀의하여 절합니다.

◎일심으로 받들어 청합니다.

생사가 이미 끊어지고 모든 결박을 끊어버리신

제사백팔십일 계의전존자
第四百八十一 戒衣專尊者

제사백팔십이 적멸존자
第四百八十二 寂滅尊者

제사백팔십삼 부다문존자
第四百八十三 富多聞尊者

제사백팔십사 차제행존자
第四百八十四 次第行尊者

제사백팔십오 음성존자
第四百八十五 音聲尊者

제사백팔십육 불휴식존자
第四百八十六 不休息尊者

제사백팔십칠 선의존자
第四百八十七 善意尊者

제사백팔십팔 선행존자
第四百八十八 善行尊者

제사백팔십구 의해존자
第四百八十九 意海尊者

제사백구십 요복력존자
第四百九十 樂福力尊者

제사백팔십일 계의전존자

제사백팔십이 적멸존자

제사백팔십삼 부다문존자

제사백팔십사 차제행존자

제사백팔십오 음성존자

제사백팔십육 불휴식존자

제사백팔십칠 선의존자

제사백팔십팔 선행존자

제사백팔십구 의해존자

제사백구십 요복력존자

원강도량수아공양
願降道場受我供養

설랑은파호무제
雪浪銀波浩無際

부배변과조유지
浮杯便過鳥猶遲

한부당초타살래
恨不當初打殺來

황벽장궁적과후
黃蘗張弓賊過後

고아일심귀명정례
故我一心歸命頂禮

◎일심봉청
一心奉請

일체유기 획득무극
一切由己 獲得無極

원컨대 이 도량에 강림하여 저희들의 공양을 받으소서.

넓고 넓어 끝없는 강물의 흰빛 파도와 은빛 물결이

떠 있는 그릇을 나는 새보다 빨리 통과했는데

처음부터 깨뜨리지 못한 것이 한스럽다는

황벽스님이 도둑을 잡은 후의 느스레일세.

그러므로 저희들이 일심으로 귀의하여 절합니다.

◎일심으로 받들어 청합니다.

일체가 자신으로 말미암아 얻음이 끝이없는

제사백구십일 불해존자
第四百九十一 不海尊者

제사백구십이 무량의존자
第四百九十二 無量意尊者

제사백구십삼 상왕존자
第四百九十三 象王尊者

제사백구십사 무량복존자
第四百九十四 無量福尊者

제사백구십오 군력왕존자
第四百九十五 軍力王尊者

제사백구십육 동의존자
第四百九十六 同義尊者

제사백구십칠 이엄존자
第四百九十七 利嚴尊者

제사백구십팔 월신존자
第四百九十八 月神尊者

제사백구십구 시원존자
第四百九十九 施圓尊者

제오백 무량의존자
第五百 無量意尊者

제사백구십일 불해존자

제사백구십이 무량의존자

제사백구십삼 상왕존자

제사백구십사 무량복존자

제사백구십오 군력왕존자

제사백구십육 동의존자

제사백구십칠 이엄존자

제사백구십팔 월신존자

제사백구십구 시원존자

제오백 무량의존자

원강도량수아공양
願降道場受我供養

자기분명이출진
自己分明已出塵

입전응위유동애
立塵應爲誘童騃

개개원성수수굴
箇箇圓成誰受屈

오백도로마라귀
五百都盧마羅鬼

고아일심귀명정례
故我一心歸命頂禮

◎일심봉청
一心奉請

조불양화 신변난사
助佛揚化 神變難思

원컨대 이 도량에 강림하여 저희들의 공양을 받으소서.

스스로 이미 도에 나아갔으니

문을 세우는 것은 어리석은 이를 유인함이네.

각자가 도를 이루니 누가 누구를 따르겠는가.

오백 나한이 모두 멋 적어서 돌아가네.

그러므로 저희들이 일심으로 귀의하여 절합니다.

◎일심으로 받들어 청합니다.

부처님을 따라 교화를 선양하는데 몸을 나툼이 신과 같고 생각이 깊은

대범천왕
大 梵 天 王

제석천왕
帝 釋 天 王

동방 제두뢰타천왕
東方 提 頭 賴 吒 天 王

남방 비로륵차천왕
南方 毘 盧 勒 叉 天 王

서방 비로단차천왕
西方 毘 盧 慱 叉 天 王

북방 비사문천왕
北方 毘 沙 門 天 王

금강밀적
金 剛 密 跡

호법정신
護 法 淨 神

감재사자
監 齋 使 者

직부사자
直 符 使 者

대범천왕

제석천왕

동방 제두뢰타천왕

남방 비로륵차천왕

서방 비로단차천왕

북방 비사문천왕

금강밀적

호법정신

감재사자

직부사자

원강도량수아공양
願降道場受我供養

범석사왕금강중
梵釋四王金剛衆

감재직부제선신
監齋直符諸善神

시권시실실난지
是權是實實難知

상수불회조양화
常隨佛會助揚化

고아일심귀명정례
故我一心歸命頂禮

원차가지묘공구　변만시방허공계
願此加持妙供具　遍滿十方虛空界

공양영취봉전회　교주본사석가존 (일배)
供養靈鷲峰前會　教主本師釋迦尊

원가가지묘공구　공양보처위상수
願加加持妙供具　供養補處爲上首

법신영향제보살 (일배)
法身影響諸菩薩

원컨대 이 도량에 강림하여 저희들의 공양을 받으소서.

범왕 제석 사천왕과 금강신중이며

감재 직부 모든 선신이여!

그의 권위와 실제가 사실임을 알기 어려우나

항상 부처님 따르면서 교화 도우시네.

그러므로 저희들이 일심으로 귀의하여 절합니다.

원컨대 원만하게 갖춘 이 공양물이 시방의 허공계에 가득하여

영축산 영산법회의 교주이며 스승이신 석가세존께 공양올립니다. (일배)

원컨대 이 부처님의 가피를 원하는 묘한 공양물을 좌우보처이신 미륵 제화 두 보살님과

청정 법신과 모든 보살님께 공양올립니다. (일배)

원차가지묘공구　공양외현조양화
願 此 加 持 妙 供 具　供 養 外 現 助 揚 化

십대성문여십육　(일배)
十 大 聲 聞 與 十 六

원차가지묘공구　공양당래성불기
願 此 加 持 妙 供 具　供 養 當 來 成 佛 記

반천존자천이백　(일배)
半 千 尊 者 千 二 百

원차가지묘공구　공양사왕제천주
願 此 加 持 妙 供 具　供 養 四 王 諸 天 主

금강밀적호법신　(일배)
金 剛 密 跡 護 法 身

원차가지묘공구　공양천용위요중
願 此 加 持 妙 供 具　供 養 天 龍 圍 繞 衆

감재직부병권속　불사자비수차공
監 齋 直 苻 幷 眷 屬　不 捨 慈 悲 受 此 供

옹호시주강길상　(일배)
擁 護 施 主 降 吉 祥

五百聖衆請文　終

원컨대 부처님의 가피를 원하는 묘한 공양물로써
성문의 모습을 나투어서 부처님의 교화를 선양한

십대제자와 십육나한님께 공양올립니다. (일배)

원컨대 부처님의 가피를 원하는 묘한 공양물로써
당래의 성불수기를 받으신

오백 천이백존자님께 공양올립니다. (일배)

원컨대 부처님의 가피를 원하는 묘한 공양물로써
사천왕 범왕 제석천왕 여러 천주님과

금강밀적 호법선신께 공양올립니다. (일배)

원컨대 부처님의 가피를 원하는 묘한 공양물로써
천신과 용왕등 여러 위요신중과

감재 직부 및 권속들께 공양올리니 자비를 버리지
마시고 이 공양 받으시며

시주를 도와주고 보호하여 소원 성취시켜 기쁨과
행복을 내려 주소서. (일배)

오백성중청문 마침

우리말
오백성중청문
五百聖衆請文

발행일	2020년 2월 29일
감 수	동훈스님
우리말 번역	김성규
발행처	도서출판 이사금 대구광역시 수성구 달구벌대로 3110 T.053-794-6226
인쇄처	학원사 대구광역시 중구 명륜로 67-1 T.053-422-7200

정가 15,000원

ISBN 978-89-86830-14-9